화 잘 내는 좋은 엄마

好爸媽的高效生氣法

健康地表現怒氣
親子一起正向成長

장성욱 張成旭——著 馮燕珠——譯

各界推薦

我很認同張成旭女士說：「生氣本身不是錯誤，使用暴力、不當的方法生氣才會造成問題。」我的確也聽過不少媽媽分享另一半用語言暴力或是過度體罰來管教孩子造成的後遺症。孩子的攻擊性和暴力行為通常始於家庭，蒙特梭利女士也曾說過，孩子如同海綿，他們不會去選擇這是髒的水還是乾淨的水，他們就是如此毫無選擇地就吸收進去了。因此如何學習調節自己的情緒，覺察自己的未竟事務是身為父母的我們很重要的功課之一，如果自以為是地想用原生家庭的經驗來管教孩子，通常都會出現很大的問題，畢竟每個孩子的氣質或是生長的時代背景都是不一樣的，舉例來說，在我們成長的年代哪有這麼多3C的問題，但現今卻是我們不得不面對的教養挑戰。

在書中也提供了實用的「處理憤怒戰略方法」，相信只要反覆練習就能內化成自然反應，在管教孩子與覺察自身狀態的能力上必可大大提升喔！

——**何翩翩**／牧村親子共學教室 創辦人

閱讀這本書，你會知道，這些慣性又自動化的情緒失控，常來自童年那些未被療癒的傷，以及沒被好好善待的需求。這是我最喜歡這本書的地方，不單單是教你如何表達自己的情緒，更進一步帶你看懂情緒的真正來源。

最後，你會知道，真正該好好陪伴的，是自己的情緒。唯有懂得陪伴與安頓自己，才有能力與孩子一起度過每個情緒風暴的片刻。

當然，你還是會不小心發脾氣，失控地對孩子高聲尖叫，然後又陷入自我悔恨之中。但是，經過一次又一次的練習，你會更敏銳地覺察情緒，更及時地踩下煞車，安頓好自己。你的努力與進步，對孩子而言就是最好的榜樣。

——**陳志恆**／諮商心理師、暢銷作家

推薦序／

找出問題發對脾氣、好好溝通，才能解決問題

——沈雅琪／神老師&神媽咪

將近二十年的婚姻中，最想離婚的時候，是哥哥一歲多，弟弟剛出生，工程師又在新竹工作的那段時間。

白天要上班，晚上又被孩子輪番吵鬧得無法休息，上下班得爬四樓去接送孩子，一個抱前面一個揹後面，爬樓梯爬到腿軟。遇到下雨時，雙手提著東西傘都無法拿，站在公寓門口淋著雨掏不到鑰匙，孩子不舒服哭鬧著，我也好想哭。

終於回到家裡收拾好孩子，空下手來打電話給工程師，他也剛下班，才坐下來喝杯咖啡看著電影……一聽到他輕鬆地說著，我就怒火中燒，「憑什麼我忙得要命，你可以悠閒喝咖啡看電視？」他說什麼都不對，我說什麼都帶著火，電話的那頭他無能為力，我卻崩潰痛哭起來，我也想體諒他工作忙碌，但是還是疲累

得難以承受。

想想誰也沒錯，只是忙碌得沒有力氣應付生活和婚姻。一次的衝突，我告訴工程師：「我們分開好嗎？」這才讓我們正視問題，再多的情分，都會被忙碌消磨殆盡。工程師把工作換回了基隆、準時下班，跟我分擔照顧孩子的忙碌，我們終於度過了那一次的難關。

好好地把自己的困境說出來，改變讓人無法承受的模式，不一味地忍耐體貼，是一件重要的事。不只是婚姻，教養孩子時也是，面對問題時如何好好說，才能解決問題又不傷每個人的心，是一大學問。

在教養兒子時，我經歷了很多成長，高中的兒子們因為國中時在球隊裡受到不正確的對待，轉學、休學……深怕他們不願意上學，不想對孩子說一句重話，不想讓他們找藉口不上學，我們都小心翼翼地體貼著他們的情緒。但是我們的體貼，卻讓孩子說話越發毒辣，完全不顧別人的情面，讓我常常暗自傷心、煩惱、生氣。

不想讓母子之間的衝突加深，我開始調整對他的態度，適度地表達我的感受。每天凌晨替他準備早餐，有一天他到學校時，傳了訊息給我：「這麥片真難喝！」替他準備早餐的心意完全被一瓶麥片給毀滅了，我沒有吞忍，直接傳給他：「嫌棄那杯麥片之前，如果可以謝謝我用心幫你準備的三明治，那該有多好？」沒想到他立刻回傳：「謝謝妳！」回家後我告訴他：「如果不喜歡可以告訴我，我以後就不準備，這樣好嗎？」

常常為了煮完晚餐喊孩子吃飯，他們卻遲遲不下樓，等著看著湯菜涼了，真是讓人不開心，終於等到他們下樓了，我的臉色不好看，他們也沒一句好話。我們後來協調好，約定開飯時間，只要時間到，我們就吃熱騰騰的飯菜，要吃熱的，還是涼了浮上一層油的，就讓孩子自己選擇。

總希望孩子們可以跟我們一起出門賞風景嚐美食，但是好不容易把孩子勸出門，他們雖然跟出門了，一邊吃飯一邊看著手機，趕著急著想回家……當然讓人失望又生氣，為了減少衝突，我們決定尊重孩子，提前告訴孩子要出門的計畫，詢問他們的意願，如果不願意去，他們就留在家裡，自己處理三餐，我們出門玩去。我們提供資源和機會，他們選擇要不要接受。

提前告知、尊重意願，提供選擇、好好溝通不強迫，是能夠和高中生好好相處最好的方法。

在婚姻、教養孩子的過程中，有太多不順意的事，有時為了委曲求全，有時為了忍讓息事，有時尷尬說不出口……但是忍住的情緒傷身又傷心，也讓身邊的人承受著壓力，捨不得對家人的愛被隱忍的情緒消磨，只有找出問題發對脾氣、好好溝通，才能解決問題。

適度的發洩和表達情緒，讓對方也審度自己的態度，才能找到相處的方式。我跟著《好爸媽的高效生氣法》這本書去檢視自己的情緒、找出生氣的原因、選對生氣的方式、思考發脾氣的後果……

曾經有一位師父告訴我：「一個家庭裡，媽媽很重要，媽媽開心，一家都開心。」我學習管理自己的情緒，學習良性的表達情緒，把自己照顧好，希望我的婚姻和親子關係都能找到最好的相處模式。

自序／

能健康地表現怒氣的媽媽，子女也能幸福成長

辭去表現優異的電視台工作，成為幸福的媽媽

「是真的嗎？哇！那我是不是應該請你簽名啊？」

聽完講師介紹後，父母們通常會有這種反應。我曾經在電視台工作過，擔任兒童節目製作人。我製作過《叮咚叮幼稚園》[1]，在裡頭出現的「噹噹」和「噹噹爸爸」就是由我企劃塑造出來的角色。

我是個完美主義者，很想把工作、育兒、家務都做好，希望在公司因工作能力很強得到肯定，也把家庭顧得很好。但是太過勉強的結果，我把自己操得死去

1. 譯註：韓國教育廣播電視台EBS的節目。

活來，身體大出狀況，一想到「如果我現在死了」，那麼電視節目、名譽、金錢都沒有意義，只會看到我那兩個小寶貝傷心地哭。這世上還有誰會像我這樣愛著那兩個孩子，答案是「沒有！」於是便遞出了辭呈。「終於可以親自養育我的寶貝了！現在起我也可以在下雨天撐著傘在校門口接孩子了！」當時的我心裡真的很開心又激動。

然而沒過多久，我就意識到自己並不適合「媽媽」這個角色：火爆的性格、容易情緒化的行動和神經質的溝通方式。同時，「我是對的，你錯了」的錯誤想法成為我的信念，總是強迫周圍的人按照我的意思改變，這樣才能安心。我努力成為一個好媽媽，但實際上並不容易。心情好或是孩子聽話時，我可以是個親切和藹的媽媽，但情況相反時，又會覺得自己是一個未達到標準的媽媽，因此經常感到失望和挫折。

有一天，電視台的後輩來家裡，我偶然聽到孩子對她說：「我媽媽什麼時候要去電視台上班？我希望她趕快去上班。」我心想：「這樣不對！」於是決定申請心理諮商研究所進修。雖然我本身有很多問題，當時卻認為是孩子的問題比較多，不過第一學期還沒念完，我就明白一切問題其實都是從「我」開始的。

成為「好媽媽」之前，必須先當個「幸福的我」。我想幫助媽媽們了解及面對：成為「幸福的我」到底需要些什麼？我想告訴她們，哪些是妨礙幸福的事，以及如何安慰自己。告訴她們在孩子的成長和情緒變化中，做什麼對孩子來說是毒藥，什麼是良藥。

基於以上理由，我現在不再是電視人，而是透過「諮商及教育」，過著與天下媽媽們共享悲傷與痛苦、喜悅和治癒的感動人生。

現在請從憤怒和罪惡感中解脫出來

在與父母諮商的過程中，出現最多的話題就是「憤怒」和「罪惡感」，這二個名詞就像好閨密一樣總是一起出現。應該有很多媽媽都有這樣的經驗：對孩子大發雷霆之後，在孩子睡著時抱著他們哭著說對不起、媽媽下次再也不會了——我也曾那樣。

雖然不想對孩子發脾氣，希望以理性的方式好好溝通，但實際上並不容易做到。自己覺得好像也還沒嚴重到必須去心理諮商的地步，那該怎麼辦呢？我看到不少父母因此感到鬱悶實在很心疼，另一方面看到孩子常在不明所以的情況下，被父母的話語和行動所折磨、受到傷害，更讓人覺得不捨。

經常被問是不是生氣了的父母；動不動就發火的父母；一生氣就不分青紅皂白挑剔的父母；無法控制怒氣的爆怒型父母；只有孩子哭了才會停止發怒的父母；總是在某些特定情況下特別生氣的父母；愛抱怨的父母；憂鬱的父母；總是先看到負面事情的父母；心理太脆弱無法生氣的父母——不管是哪一種，希望所有願意學習控制好自己脾氣的父母，都能讀這本書。

我相信讀完這本書時，各位肯定都會成為能好好管理情緒、充滿自信和有意志力的爸爸媽媽。

父母能管理好脾氣，孩子就能幸福成長

來到諮商室的父母，他們痛苦的根源，大多是來自於自己兒時未癒的傷口，怒氣就是從那個傷口噴發出來。由於長時間不理會，傷口化膿，甚至出血，還散發出難聞的氣味，讓自己和家人都很難受。

這本書裡舉了許多憤怒的父母和受盡苦難的孩子們之間的故事；既是我的故事，也是各位的故事。並非叫你不要生氣，而是告訴你如何健康表現出生氣的情緒。我收集了許多實際事例，稍微進行修改重編，讓讀者能夠理解並在生活中

嘗試。這不是一本單純的生氣指南，是從憤怒情緒產生之前就開始探討，包含生氣的模式和原因分析，以及相應的解決方法。

第一章從時代、心理、環境等角度分析媽媽們什麼時候會對自己的孩子發火；第二章則是找出生氣的原因和隱藏在背後的情感分析，還有表面上沒有發脾氣，卻用其他方式發洩所隱藏的危險。第三章則是透過實際案例，探討如果媽媽總是常常亂發脾氣，對孩子會有什麼不好的影響，幫助你了解孩子的心理；在第四章中介紹如何「設計」生氣的基礎工作，以及平時就能做的日常處置，這一章同時準備了一些思考問題，希望可以在讀者們的實際生活中給予幫助。第五章是生氣當下可以進行的應對方法，以及緊急處理方法。

童年應該在幸福中度過，如果父母總是常常生氣煩躁、對什麼事都不滿意，那麼孩子如何擁有幸福的體驗呢？若孩子總是被隨意對待，又怎麼會覺得自己是珍貴的存在呢？若不想讓孩子在童年時留下傷害，現在就立刻看這本書吧。

這本書的誕生，是基於我對所有被稱為「媽媽」的人，以及孩子們的愛，並以我的專業知識以及經歷過的痛苦經驗中的收穫為種子，加上愛所編寫而成的書。希望這本書能從根源杜絕在熟睡的孩子枕邊流淚道歉的事。

期望成為你們的良師益友。

目錄

第四章——事先做好準備，不要傷了孩子的心

第五章——如果實在控制不了怒火

CA

第 一 章

我什麼時候對孩子發脾氣？

未曾被治癒的童年傷痛

若經常在特定情況下生氣，請回顧一下兒時的傷痛

藝熙媽媽有兩個女兒，分別為八歲、六歲。老大藝熙在媽媽的保護和關愛下，一天到晚像跟屁蟲一樣黏在她身邊；老二則像撿到的孩子一樣，得時時看媽媽的眼色生活。因為老二行為開始出現偏差、會不時故意唱反調，於是藝熙媽媽前來尋求諮商。

每當老二向老大藝熙挑釁，或是隨便未經同意就使用藝熙的東西，藝熙媽媽就會生氣。她說自己平常不是那麼容易發脾氣，為什麼會對老二那樣她也無法理解。

藝熙媽媽和藝熙一樣，小時候在姊妹中排行老大，她的妹妹在很多方面都比姊姊強，聰明、漂亮、個性也成熟懂事，相較起來父母更喜歡妹妹，在成長過程

中就像對待長女一樣對待妹妹。因此妹妹經常做出輕視姊姊、無視姊姊的行為。

藝熙媽媽擔心藝熙像自己一樣被妹妹排擠，為了讓老大不要受到像自己一樣的傷害，決定乾脆從一開始就確立嚴格的長幼有序觀念，讓姊姊的地位成為妹妹無法超越的位置。但是，藝熙媽媽的做法過於偏激，反而暴露出了對老二造成的副作用。

「我通常都會忍耐，但那孩子總是反反覆覆嘟嘟囔囔的，我就會特別生氣。」

「孩子太沒有求勝心了，什麼事都讓著別人，有時真的很生氣，快瘋了。」

「我該做的都做了，從沒比別人缺少什麼，但看孩子老是落後別人，真的會很生氣，甚至討厭孩子。」

媽媽們發脾氣的情況太多了，很難一一列舉。但是如果發現自己總是在某種特定情況下會特別生氣，且情況經常反覆出現，這時就不要從孩子身上找尋生氣的原因，而是要把焦點放在自己的成長過程。

小時候帶給我最多傷害的人是誰？

幾年前曾有個基督教團體，針對即將結婚的青年男女做過問卷調查，其中一個問題是，給自己帶來最多傷害的人是誰？回答「父母」的比例達到百分之七十九，相當於十個人當中有八個人有這種感受。父母捧在手心裡疼愛的孩子，竟然從父母那裡受到最多傷害，這是多麼諷刺的一件事。

生活中，我們往往會在不知不覺中受到某人的傷害，家人之間更是嚴重。在諮商的過程中，我從許多諮商者的傾訴裡看到親子之間、夫妻之間、兄弟姊妹之間，各種以愛之名造成的傷口。

人的身體有自癒能力，只要不是太嚴重的傷口，經過一段時間身體會自動修復，傷口會癒合，長出新肉。心靈也一樣，在日常生活中，難免遇到各種挫折，在大多數情況下，隨著時間流逝，心靈也會自動痊癒，好像什麼都沒有發生一樣繼續生活，但其實傷口還在，而我們往往透過這個過程成長、成熟。

但是不管是身體還是心靈，嚴重的傷口如果在黃金時期內未得到適當治療，就會釀成嚴重的後遺症。在成長過程中，內心深處或持續反覆受到的心靈創傷，等到日後才想要改正修補，往往是難上加難，尤其在形成心理結構（psychological structure）的嬰幼兒時期受到的傷害影響會更嚴重。

過去未治癒的創傷，主導現在的生活

如果在成長過程中，父母總是無差別地表達憤怒，以具破壞性的方式發洩，那麼經歷過這種情感痛苦的孩子，長大後也無一例外，會有憤怒調節失常的問題。

時間一久，大多數的人對事件本身通常不太有記憶，但是不會忘記當時經歷事件時心中的情感，那會原封不動地儲存在大腦中。尤其是憤怒、委屈、罪惡感等負面情緒，它們不會消失，而是被壓抑到無法消除的狀態，但在某個瞬間會以意想不到的方式顯露。未曾治癒的過往傷痛，成為現在生活中的主人，左右我們的日子。

問題是我們不會發覺過去的經驗正主導著自己的人生。明明已經是母親了，但內心裡「年幼的我」會在某一瞬間突然出現，與「我的孩子」展開鬥爭，鬧脾氣、揮舞拳頭，搶著扮演主人的角色。

前面所提到的藝熙媽媽就是這種狀況。當老二找藝熙麻煩時，媽媽會把自己的童年投射到現在的狀況中。於是，長久以來沒有得到緩解的自身缺憾，就原封不動地展露出來。雖然本人並不想那樣，卻無法控制，因為過去的痛苦情感而未能成長的「年幼的我」，在遇到觸發回憶的情況時，便會堂而皇之地登場毀掉現在的人生，因為到現在心還是很痛，還在掙扎。

在「年幼的我」發完脾氣之後，重新整理情緒，才發現「我的孩子」已經害怕得哭了起來，這才後悔自己做過的事，感到內疚並道歉。但是同樣的情況還是會再重複出現。

心中的「前景」和「背景」必須順暢地流動才能幸福

從風景畫或風景照中，可以看到構圖通常有前景和背景。前景位於前面，是一眼就會注意到的焦點位置，因此會把重要的、想表現的東西放在前面；相反地，背景是脫離關注的焦點，靜靜地在後面襯托著前景。

人的心裡也有分前景和背景。我們所經歷的大大小小事件，進入內心之後都會成為前景或背景。當曾經是前景的事件在心中得到一定程度的緩解，便會自然而然地被挪到關注之外，成為背景。接著眼前的新事物成為新的前景，逗留一段時間後，又會流動到深處成為背景。在我們的精神世界裡，這種交替在不知不覺中重複進行，形成生活中的每一天。

舉個比喻好了。火車旅行途中，在行駛中的列車裡，我們可以看到樹木、田野、小巧玲瓏的房屋和山，像流水一樣很快就經過。但突然間行駛中的火車顛簸了起來，前面的車廂脫軌了，從我的座位透過窗戶可以直接看到現場！

無法像前面的風景一樣迅速流過我身邊的意外現場，衝擊越大，停留在我注意力的時間就越長，即便一段時間後火車重新啟動，這個「現場」成了過去的風景，仍舊很難被遺忘，時不時還會浮現在腦海裡。前景應該順暢地流動過去成為背景，如今卻連續幾個月、甚至幾年仍停留在前景的位置上。

懸而未決的問題遲遲不解，孩子就會變得不幸

如果持續反覆經歷強烈衝擊性的心理陰影（trauma）或負面經驗，前景和背景的交替就會變得不順利。自己無法承受且從未解決的事，會在心裡停留很長一段時間甚至一輩子，這種狀況心理學上稱為「未竟事務」（unfinished business）。

未竟事務不僅會影響自己，還會在與他人的關係上帶來問題，造成不幸的生活。因為未竟事務而飽受憤怒情緒折磨的父母出乎意料地多，你又是如何呢？童

年的傷痛或匱乏至今是否還左右著你的生活？早應該成為背景的情緒和慾望是否還停留在前景的位置上？現在是不是莫名地投射在你的子女身上？

如果你會對孩子的某些話語和行為感到特別生氣的話，請回顧一下自己的童年。隱隱約約看到傷口時，就試著記錄下來，慢慢進入記憶裡，回想事情的原委，這樣會有助於客觀分析當時的情況，將你從傷痛中分離出來。

未癒合的傷口不能代代相傳，不能讓子女也被父母的過去折磨，應該斬斷這種悲哀的遺傳，那才是對子女真正的愛、真正的責任。

KEY POINT

- 或許已經忘記了事件本身，但當時的情感不會被忘記，會一直原封不動地儲藏在我們腦海裡。
- 父母給孩子越多憤怒、羞恥、拒絕、委屈的情感，孩子的心靈就會越不健康，即使長大成人也是延續不幸的人生。

沒完沒了的育兒與家務事

因為等待而疲憊的孩子並沒有錯

「媽媽，念故事給我聽。」

一轉頭，六歲的孩子拿著書站在我身後，而我手上正忙著處理下班時順便買回來的晚餐材料。

「媽媽現在很忙，等等吃過晚飯之後再念給你聽。」

吃過晚飯，正在整理餐桌時，孩子又過來仰頭看著我：「媽媽，可以念了嗎？」臉上滿是期待。我說：「現在很忙，等媽媽把碗洗好再念。」我真的忙到希望把一秒鐘切開來用，但孩子看起來有點沮喪。

洗碗時，突然發現孩子不知什麼時候又拿著書站在旁邊，正好擋在我做家事的動線上。「不要在這裡擋路，你會撞到媽媽啊！」我不自覺將心中的煩躁情緒隨口吐露出來，孩子垂頭喪氣地到餐桌邊坐下。

看到那個樣子，我不知怎麼地火氣開始冒上來。我要洗碗、要燙衣服、還要做從公司帶回來的工作，再加上我現在全身上下沒有一處不痠痛，實在很想躲開一切躺下來，什麼都不要管，然而我的孩子用失望的臉看著我，到底該怎麼辦？

孩子似乎沒有耐心再等下去，又走到流理台來。

「媽媽，我還要等多久？」

我深呼吸了一口氣說：

「媽媽很忙，你也看到了不是嗎？碗洗好之後還要晾衣服、要看劇本，而且我很累，可以先讓我休息一下嗎？」

我刻意壓低聲調緩緩地說，但聲音中其實帶著非常重且壓抑的憤怒，我對一直希望事事做得完美、卻弄得又忙又累的自己感到生氣；對只會關在書房裡做自己事情的老公感到生氣；對一整天想著媽媽、等著媽媽的孩子感到心疼可憐而對自己生氣。孩子似乎想說什麼，但最後還是轉身走開了。看著孩子轉身離去的背影我心裡一緊，但是真的好忙又好累。

洗好碗，心想著至少先念一段故事給孩子聽也好，走進房間，孩子已經抱著書睡著了。我輕輕撫摸他的臉龐哽咽地說對不起，怎麼不再多等媽媽一下呢？

哽咽的記憶歷歷在目，即便事過境遷，只要一想起當時的狀況，仍會感到心痛而流淚。

生氣的原因在其他地方

三餐都要洗菜、切菜，吃飽了還要洗碗；衣服要洗要晾還要摺好放進抽屜裡，日復一日重複消耗性的工作，即便努力做得再好也不容易被發現，這就是家務事的特性。

不管怎麼做都做不完，但今天的家事要全做完才能好好地睡，實在很難顧及孩子的需求。夜深了，孩子別說乖乖睡覺，他們活力十足地喧鬧，把打掃好的地板又弄亂，而丈夫對辛勞的妻子視而不見，只會躺在沙發上看電視。

妻子的耐性已經見底了，憤怒頓時湧上心頭：「你想休息，我也想好好休息啊！但要做的家事還堆得像山一樣高，為什麼這些事只有我在做？」「我到底算什麼？你沒看到我現在在晾衣服嗎？」「你去顧一下孩子不行嗎？」心裡充滿怨氣真想一吐為快，但若像子彈一樣爭先恐後掃射出來，肯定會跟丈夫吵架，若是真吵起來心裡只會更煩躁，倒不如還是別吵的好。這時，又聽到老么大哭。

「為什麼欺負妹妹？為什麼要吵架？啊？去睡覺，快點！你現在是在瞪媽媽嗎？你這孩子怎麼那麼不聽話？」

憤怒的箭射向孩子們，甚至為了讓丈夫聽到而更大聲地咆哮。

孩子們年幼、軟弱、自我防禦能力有限，所以當大人發脾氣時常常會手足無措，只能默默承受，雖然覺得委屈想辯解，但他們能做的往往只有放聲大哭而已。

不要把孩子當成發洩怒氣的對象

很多時候生氣的原因不一定與孩子有直接關係，但仍不知不覺把氣出在他們身上。當然，有些時候孩子確實是點燃怒氣的導火線，而這種時候家長會想：孩子難免會犯錯，但也絕不能寬容。因為孩子在各方面相對比較弱，或許副作用比較小，即使不是刻意的，但許多大人確實會把孩子當成出氣筒。

但你以為孩子都不知道嗎？不，他們都知道，知道自己受到不當的對待。「我只是犯了一點點錯，可是媽媽卻發了好大的脾氣，那是因為她跟爸爸吵架、家事做不完、被奶奶碎念……那些讓她不開心的事好像全都發洩到我身上。」其實孩子們都感覺得到，所以會覺得很委屈、覺得被傷害、覺得大人很無情。

「適當地生氣」是很重要的事。如果孩子確實做了讓人火大的事或真的犯了錯，當然要生氣，但要依照犯錯的程度生氣，並以人性化的方式表現，讓孩子了解父母生氣是有理由的，就不會感到那麼委屈，當然也可以減少造成傷害，讓孩子能承認自己的錯誤並改進。

這樣孩子會與父母更親近、更信任父母，在有意識、無意識中學習父母的行為，成長為心理穩定的人。

找一找生氣的根源是什麼

被做不完的家務和育兒折磨得疲憊不堪，其他家人又都毫不關心，這樣長時間累積下來的壓力會讓媽媽生氣。對婆家或娘家的不滿或憤怒會轉移到孩子身上，或是藉機發洩在公司裡受到的壓力，要不然怎麼會有形容單獨育兒的「偽單親」或「家務一人擔」這些用語出現呢？有時因為事情多反而什麼都不順，或單純因為太累，精神緊繃敏感，對孩子一點小小的言行也會感到厭煩和生氣。這些憤怒大人有時自己會認知到，有時則是不自覺地就傾注在孩子的身上。

媽媽們的怒氣來源有許多種，要找到合適的解決方法，才可以從根源來解決問題。如果只是從情緒上舒緩，效果只是暫時的。

因此如果想解決讓身心俱疲的家務事，最實際的策略是向周圍尋求幫助。不妨想想有哪些人可以提供支援，當然，另一半一定是第一順位，沒有另一半的協助，自己的幸福是得不到保障的。

KEY POINT

- 孩子不是怒氣的根源，只不過是點燃裝有怒氣的油桶的引線。
- 孩子能認知的範圍有限，當孩子理解媽媽的疲憊或難處，卻發現無法給予實際幫助，可能會留下傷痕。

”

看到未達到期望的孩子就生氣

我的孩子為什麼總是差那麼2%

在延秀媽媽的眼裡，「2%不足」[2]的飲料廣告根本就是在形容延秀。因為他不管做什麼總是差那麼一點，讓人覺得可惜，明明只要再努力一點點就可以達到圓滿，但那個「一點點」有那麼困難嗎？常常讓媽媽忍不住對延秀發脾氣。

遺憾、可惜、難受、看不順眼等複雜的情緒一旦纏繞在自己身上，就會轉成怒氣攻擊孩子。經過一番劈哩啪啦發洩後，承受那些氣話的孩子只會變得既可憐又有罪惡感。

2. 譯註：是韓國樂天集團的礦泉水品牌，在二〇〇〇年大手筆請全智賢和鄭雨盛拍廣告而爆紅。後來成為流行用語，廣泛用在各種狀況，形容就差那麼一點點的意思。

大家都說延秀已經做得很好了，為什麼還要挑剔？是不是媽媽要求太高了？事實上孩子屬於多才多藝的類型，這一點媽媽也知道，但還是覺得不夠好，總是期待他再多個百分之二，一旦發現無法達到就會覺得沮喪。

延秀媽媽是個完美主義者，她的滿足感只是暫時的，很快又會看到不足的地方，一旦要求和期待得不到滿足，火氣就會冒上來並立刻指責孩子。即使延秀滿足了她的期待，但又會立刻要求孩子達到更高的期待來滿足她，如此反覆，不斷要求又不斷失望的結果只會一再循環。

自尊感越低落的人，完美主義傾向越強

要理解完美主義，首先就要先了解自尊感。自尊感是自我尊重感（self-esteem）的簡稱，是對自身存在尊貴與否的自我評價，大體可以用「自我價值」和「自我能力」來解釋。

「自我價值」可以看自己是否具有值得人們喜愛的價值。如果相信自己是「有價值且重要的人」，那麼即使別人隨意批評或漠不關心，也不會受到太大的傷害，因為這樣的人知道自己的價值不是由別人評價得來的。

「自我能力」是指無論做什麼事情或嘗試新事物，都相信自己可以做好。「我可以做到！」因為有自信，所以即使實際上的能力稍弱，也不會害怕嘗試或失敗，因為本身很清楚誰都會有失敗或失誤的時候，也明白那些不是驗證自己能力優劣的方法。

對自我價值和自我能力擁有很高認知的人，不一定是非常有能力的人，但他們知道不應該依賴別人的評價來評斷自己，而是該由「我」來評價自己。因為來自別人的評價變數很多，每個人的標準也不一樣，所以他人的評價必定不是絕對的。

自尊感高的人，會認知到自己的絕對價值和能力，因此無論他人說什麼，都不太會受影響，因為會定義自己是個「還不錯的人」，並對這樣的自己有所期待。相反地，自尊感低的人，無法認同自我價值，只有別人稱讚時，才會覺得自己還不錯，一旦受到批評，就會覺得自己毫無用處。

羞恥感和被拒感是讓人進行自我認識最殘忍的方式。羞恥感強烈的人在別人不認同自我價值或被無視的時候，反應會特別激烈，而完美主義就是為了擺脫這種羞恥感所創造出來的結果，因為當事人認為只有做到完美，自己的價值才能得到認同。

完美主義父母將羞恥感代代相傳給孩子

「沒有一百分，就等於零分！不是完美的成功者就是完全的失敗者！」在完美主義中，只有這樣極端的兩個概念存在，沒有任何中間地帶，所以拚命追求完美，因為他們認為只有成功才能掩蓋自己的羞恥感。不完美就等於失敗，所以像延秀媽媽一樣的「完美主義」父母，會不斷要求子女達到「完美」，這也是不能容忍「百分之二」如此微小不足的原因。

完美主義父母對子女期待過高，常會設定與孩子的性格和能力無關、僅為了符合自己要求的目標。所以孩子自然是反覆失敗，受到挫折和羞恥感的折磨，卻仍要繼續滿足期待，對孩子來說，就像是沒有盡頭的苦難行軍一樣。

在這個過程中，孩子和父母雙方都會產生挫折、羞恥感、自卑、內疚，這些負面情緒會引發憤怒。如果父母發火，年幼的子女會因恐懼而畏縮或壓抑憤怒，但是青春期子女往往將憤怒表達出來，因此親子關係容易急劇惡化。

同時孩子也像父母一樣，對自己的存在感到羞恥，漸漸地成長為自尊感低落的人。自尊感低落的父母在教養過程中，容易讓子女也成為自尊感低落的人。

自戀傾向較強的父母希望透過子女滿足自己的需求

每個人多少都有一點自戀的傾向，會想要站在舞台的中心，希望別人認同自己是個不錯的人。健康的自戀態度，可以成為自我發展的原動力；但是不健康的過分自戀，會讓自己和家人感到痛苦。

不健康的自戀心態，會認為自己是一個非常特別的存在，以自我中心的思考模式和情感看待周遭的人事物，會為了自己而利用他人。

對子女也不例外，自戀的父母認為孩子表現良好是「我教得好」，乍看他們似乎為了子女的成功而奉獻心力，但仔細觀察會發現，其實是為了滿足自己的需求才奉獻的，若孩子的表現不如他們的付出和期待，就會受到嚴厲的批評。他們對於孩子遭受的心理痛苦和傷痛，不會產生同理心，因為自己的情感和慾望才是最重要，所以不會去理解別人的痛苦和想法。

完美主義或不健康的自戀傾向，主要都是因為成長過程中受到的傷害而產生的，特別是父母的影響。人不可能盡善盡美，各位讀者的父母是如此，現在成為父母的你們和我也是如此。接受和承認自己的不完美和軟弱，那樣自我發展才會更健全，才能成為更好的父母，建立更幸福的家庭。

KEY POINT

- 完美主義父母和擁有不健康自戀傾向的父母會對無法滿足期望的子女感到憤怒，讓子女產生羞恥感和挫折。
- 在孩子心中烙下的的羞恥感是導致悲慘人生的主謀，對再年幼的孩子也要謹言慎行，以免傷了孩子的自尊。

和我一樣、和我不一樣所產生的負面情感

和我不一樣！為了慢吞吞的孩子而心碎

小俊媽媽發現最近似乎太常對孩子發脾氣而苦惱，但小俊的言行總是刺激著她的神經，常常忍不住一把火就上來了。

就算安親班的車子在等，小俊也絕不會加快腳步。叫他去跑腿辦事慢吞吞，吃飯時也慢調斯理，不管做什麼事都不快，看在媽媽眼裡覺得他並非單純「不急」而是根本「沒在用心」。

有一次，小俊在吃熱狗時，咬了一口因為太燙了很難受，卻又沒有馬上吐出來，不知為何磨磨蹭蹭的，最後造成上顎及口腔內黏膜燙傷。

「吐出來！吐在這裡！快吐到媽媽手裡！快！」

當時媽媽立刻攤開手掌，小俊卻遲遲不吐出來，只是眼裡噙著淚水。小俊媽

媽感到非常鬱悶，又很生氣，真想揍他一頓。看著孩子被燙傷的嘴，心疼和惋惜的怒氣一併衝了上來。

「你是阿呆嗎？弟弟那麼小也知道要馬上吐出來，你為什麼不吐出來！？我真是快被你氣瘋了，到底是遺傳到誰？動作這麼慢，媽媽和爸爸都不會這樣啊，為什麼只有你這樣？說不像也真是太不像了，哎喲，真是會被你氣死！」

因為像我一樣被動又小心翼翼而生氣

英厚媽媽的情況正好相反，看到性格舉止和自己完全相同的孩子，氣得受不了。英厚是個九歲的男孩，外貌長得像爸爸，但做事態度和媽媽一模一樣，怎麼會這麼像呢？

英厚媽媽是個被動又凡事小心翼翼的人，她長大後回想起來，這樣的個性讓自己錯過很多好機會，無法盡情展示自己的能力，因此似乎被低估了，才沒有更好的發展。英厚媽媽為此常常感到委屈。

看到英厚和自己的個性一模一樣，她真的很擔心，感覺孩子好像也會跟自己一樣，在不知不覺中吃虧，得不到別人的認可。

有一次參加教學觀摩的時候，看到英厚的表現，讓媽媽難過得都流淚了。因為上課時英厚不僅沒有主動舉手發言，甚至在機會到來時也搖搖頭，表現出被動、怕事的態度，和媽媽自己小時候完全一樣。

從此以後，媽媽為了改變英厚，常常嘮叨、訓斥、勸導，但孩子並沒有改變，反而讓母子關係惡化，最近連話都不太說了。英厚變得更加小心謹慎，做什麼事都要先看媽媽的眼色，這讓她總是火冒三丈，不知該怎麼辦才好。

不是孩子的問題，是父母的問題

有的父母因為孩子像自己而生氣，有的父母卻因孩子不像自己而發火。從父母的角度來看，如果子女沒有遺傳到自己的優點，缺點卻像極了自己，一定會感到很傷心。

但是，如果在情緒上超越傷心的層面，感到煩躁或經常對孩子發火的程度，就要檢視一下父母的心理狀態。

低自尊的父母

如果父母有積極的自我概念或高度自尊感的話，即使子女的短處和自己很像，也不會生氣到無法忍受的程度。因為這類型的父母本身就對自身的優點和缺點接受度很高。

因為對自己有比較完整的了解，所以就算對缺點感到遺憾，也不會因此覺得羞恥。面對孩子時也是用相同的視角，所以在教養過程中，不會因為看到孩子身上有和自己一樣的缺點而氣憤，也不會因此有所責難。

但若是自尊感比較低落的父母，因為本身對自我價值的認同就不高，連帶也會懷疑與自己相關的事物到底價值何在，例如抱持「我那麼差還能做出什麼了不起的東西？」的想法。也正因為有這種想法，所以如果發現孩子像自己，就會否定孩子的價值。

有些父母會因為孩子遺傳到自己感到羞恥、不喜歡的部分，而感到抱歉，甚至是內疚。他們會生自己的氣，心想：「你怎麼會選擇當我的小孩呢？過得這麼累。」「我有什麼好的，居然還生孩子？」

有的媽媽會看著熟睡的孩子一邊默默哭泣，一邊道歉：「有我這樣的媽媽，是你運氣不好，才會這麼辛苦，對不起。」

自以為是的父母

自以為是的父母也有類似的情況，他們對於自己的長處，過分懷有自信，總是相信自己才是正確的。

「車在等當然要用跑的，有事就要趕快做，你怎麼就是學不會呢？拜託你學一學媽媽。」

自以為是的父母總是這樣催促孩子。

每個人都有長處和短處，沒有人真的十全十美或一無是處，而且各自的生活方式不一樣，沒有哪一種是絕對正確的，但是父母卻侷限在自己的想法裡，強迫孩子也要完全照自己的方式思考。

孩子動作快或慢這並非本質性的問題，但只因為父母相信自己是對的，所以固執地強迫孩子去做。與其說是刻意的，不如說很多父母根本不知道自己在強迫孩子。

內心健康的父母不管子女是否與自己不同，都把子女視為獨立個體，而非複製品，所以不管自身過去的經驗如何，都會對孩子現在的表現做出適當反應，不會獨斷地認為哪種個性最好，哪種個性最差，因為他們充分了解人都有優缺點。

在對孩子生氣前，先審視自己的情緒

「客觀地看待孩子」，意指不管父母的期待為何或過去有什麼傷痛，都能跳脫框架去認識孩子的優點和缺點。只要幫助孩子將優點開發得更豐富，彌補缺點就可以了。但是，如果放任自己的傷痛或缺憾攪和其中，教養時就會遇到困難。

如果你是會因為孩子「像我」或「不像我」而生氣的人，請先仔細檢視內心的情感，想想自己為什麼會生氣，在「生氣」背後隱藏的真正情緒是什麼?苦悶、可憐、擔心、不安、焦慮等情緒，都是從迫切希望孩子有出息的心情開始的。

這種懇切的心情分明是出於溫暖的愛，應該是為孩子加油的鼓勵之心，但表現出來的方式卻化作生氣和責難，非常可惜。我們應該讓這樣的愛，好好用愛的方式表現出來，所以生氣之前，先回頭審視一下身為大人的自己吧，這才是讓父母和子女都健康幸福的方法。

KEY POINT

- 父母如果認為孩子的缺點與自己相似，應該先努力自我改正，因為孩子會無意識地內化父母的行為。
- 有時可以像看鄰居家的孩子那樣看待自己的子女，擺脫主觀狹隘的視角，客觀地尋找孩子的優點，擴大培養，並幫助孩子彌補缺點。

不成熟的媽媽，拿孩子發洩怒氣

希望媽媽不要來我的婚禮

一名中年婦女去面試商店的工作，卻整整遲到了一個半小時，還理直氣壯地為自己辯解。老闆說面試遲到就失去資格，請她回去，女人怒火中燒，瞬間把店裡的商品全部掃到地上，然後若無其事地揚長而去。

她的女兒從小就在媽媽動不動就暴怒的環境下長大，不想一生只有一次的婚禮因媽媽而毀掉，所以希望她不要出席婚禮。聽到這句話，媽媽氣得火冒三丈：「從此時此刻起我再也不是你媽媽！」然後把女兒吃到一半的食物搶過來扔進垃圾桶。

這是法國電影《好娘我最大》（Copacaban）的情節。由影后伊莎貝・雨蓓飾演的媽媽，做每一件事都一樣，只要稍微不順自己的意，火氣就立刻冒上來，憤怒得不得了，把女兒的想法和情緒全都拋在腦後，只專注在自己身上。

這樣過了一輩子，丈夫和朋友都離開她，工作上也不斷與人發生衝突。在外頭生了氣，回到家裡就找無辜女兒發洩，女兒經常成為她洩憤的對象。

女兒不僅得不到媽媽的照顧，也沒有安定的成長環境，對媽媽只有憤怒，甚至想擺脫她，否則又怎麼會希望媽媽不要出席婚禮呢？

拿孩子出氣的父母

韓國有句俗語，「在鍾路被打耳光，到漢江對人瞪眼」，意思就是當下不表露感情，事後才拿別人當出氣筒。例如因為老公而生氣，卻沒對他發火，反而對剛好在外面玩到很晚回家的孩子發飆。

這是被稱為「轉移作用」（displacement）的一種心理防禦機制，在親子關係上如果經常發生，可能會嚴重影響子女的情緒，因為他們通常都是單方面承受的一方。

我曾經遇過一個媽媽，只要一生氣就忘記自己是媽媽，把氣全出在孩子身上，事後又感到內疚。不管她生氣的原因是什麼，卻老是拿孩子開刀，在那個當下她沒有意識到孩子是「需要照顧的對象」。

即使媽媽不合理的發怒，孩子也無法進行抗辯、也沒有力氣反抗，最多只能以哭鬧或耍賴表達情緒。所以媽媽不覺得孩子會構成威脅，而放任自己隨意對他發洩。

一位媽媽在接受過諮商後表示，這是她第一次思考：「當我隨便亂發脾氣時，孩子是什麼心情？當時他心裡在想什麼呢？」明明沒有犯錯，卻還要承受比自己做錯事時更大的怒火，孩子心中不知會多委屈、多憎恨父母啊？

情緒調節不成熟的父母

駕駛能力不熟練的人，因駕駛不當而發生危險事故的機率很高。同樣地，情緒調節不成熟的人，也有很高的機率因為無法正確處理激烈的情緒而破壞人際關係。

因為在成長過程中沒有學會理解和調節自己的情緒，所以才會隨隨便便就發火。不管對象是誰，不知道該怎麼發洩怒氣，也不知道什麼時候該停下來。無法對當事人發怒，反而宣洩在其他人身上，也是情緒調節不成熟的影響。

情緒調節不成熟的父母會宣稱都是因為孩子不聽話、不念書、愛吵架等看似合理的原因而生氣，外人聽起來似乎很正當，但實際上是他們不知道如何調節情緒，所以向相對弱勢的孩子發脾氣。

如果父母發怒的理由沒有一貫性，動不動就發脾氣，孩子心中會對父母產生抗拒，委屈會慢慢積累轉變成憤怒，成為不幸人生的種子。

未擺脫以自我為中心的幼兒思考模式的父母

以自我為中心，是幼兒期的代表性思考模式。因為認為世界以自己為中心運行，所以一切都以自己的標準來思考和解釋：我覺得好吃的東西別人也一定會覺得好吃的；我覺得應該這樣做，別人也會有同樣的想法。

幼小的孩子在父母生日時，會把自己喜歡的玩具或貼紙送給父母，這種行為也是出於以自我為中心的思考模式。因為無法理解別人有著與自己不同的感情、想法和價值觀，當然就不會替別人著想或照顧他人。

過了幼兒期後，一般人會從「以自我為中心」的思維中脫離，但像電影《好娘我最大》的女主角那樣，長大成人了卻還停留在幼兒期思考模式的人也不少。

照顧子女是父母最基本的義務，但是這個類型的父母對收容、關懷子女，為子女奉獻的想法比一般父母少。比起孩子的情緒和慾望，他們對自己的情緒和慾望更敏感和忠實。

如果遇到阻礙自己的要求或行動，他們就會生氣，而且很難忍氣吞聲或控制情緒，非常容易動不動就對孩子發脾氣。嚴重的狀況甚至把孩子當成競爭對手，例如在與孩子玩遊戲時很認真，要是輸掉比賽就會很不高興、大聲斥責孩子。

培養對正當性與不當性的辨別能力

然而，我並不是說父母都不可以「生氣」，正當的怒氣應該是「在該生氣的時候發火」，即「普遍性及妥當性得到認可的怒氣」。正當的生氣在教育子女時有著重要作用。

不成熟的父母由於不善於客觀思考，很難分辨正當和不當的怒氣，但是身為洩憤對象的子女，其實是知道父母的怒氣是不恰當的。孩子感覺得到有什麼地方不對勁，心裡會覺得鬱悶委屈，覺得難受甚至也同樣會生氣。

孩子或許無法有條理地說出心裡的感受，但會用哭或鬧脾氣的方式表達自己的心情。這種時候不要置之不理，最好問問孩子，父母可以一邊安慰孩子並等他們說出想說的話。

也許有人會反問，我自己都快氣死了，哪裡會想到問孩子的感受？是啊，若是以自我為中心，情緒調節不成熟的父母更是如此，怎麼還有時間顧慮別人呢。但若帶著為孩子的幸福著想的意志去嘗試，就會產生從容和力量。沒有人一開始就做得很好，在反覆失敗的過程中會慢慢得到要領，逐漸熟練。請一定鼓起勇氣，哪怕只有一次也要勇於嘗試。

承認自己的懦弱，重新找回為人母的本性

完美的媽媽並不存在，媽媽也有自己過往的傷痛、現實壓力所造成脆弱的部分。因此，媽媽要先了解自己的缺點和優點，這一點非常重要。唯有承認自己醜陋的一面、不足的一面、不滿意的一面，並且在接受的同時，才能產生以健康心態養育孩子的潛力。

母親獻出自己的身體，將一個生命送到這個世界，再獻出自己的心，養育這

個生命。回想一下是否在懷孕時，聽說什麼東西對孩子不好就不吃、不好的行動就不做，忍住了自己的慾望呢？同樣地，在養育孩子時也需要控制自己的情緒和慾望。

「我生氣時孩子是什麼感覺？」「當我做出那些行動時，孩子心裡會是什麼想法？」如果能這樣想，就會變得非常體貼。我是孩子的媽媽，是他在這個世界生存的唯一依靠，多麼崇高的角色。各位讀者請鼓起勇氣，一起發揚尚未成長的母性吧。

媽媽的年齡跟第一個孩子同歲

身為父母，你有多成熟？別因為前面羅列了許多不成熟家長的例子而灰心。現在你還是個年幼的媽媽、笨拙的媽媽，因為媽媽和第一個孩子同歲，如果你的孩子五歲，作為母親的你也是五歲。

所有父母都是這樣和孩子一起成長的。我們不是成長後才成為父母，而是從成為父母的那一瞬間開始新的成長。所以像幫助孩子成長一樣，我們自己也要努力成長。

如此一來，有一天你會感覺到自己一下子就成長了，從一個曾經接受過照顧的子女角色，搖身一變成為真正能照顧自己孩子的人。

KEY POINT

- 「正當的生氣」可以讓孩子不至於感到過度的委屈和憤怒，信任並順從父母，修正行為。
- 「不當的生氣」根據性格不同，可能是會讓孩子變得凡事心生畏懼，或是出現暴力、攻擊的狀況。二者的共同點是自尊感低落，被壓抑的憤怒堆積如山。

孩子不聽話就會生氣、煩躁

什麼都不能隨心所欲

「媽媽連我們家附近的公園都不讓我一個人去。我朋友都可以自己騎腳踏車去玩，只有我不行，我想做什麼都不行。」

這是老大在小學三、四年級時，有次爺爺提議讓他自己去爺爺家，孩子回答的內容。雖然是很久以前的事情，但我仍然忘不了他當時說話的語氣。

那帶著氣憤的聲音，還有孩子的表情，似乎在隱忍憤怒，嘴巴和臉部肌肉都在用力。孩子兩個腮幫子鼓鼓的，眼睛睜得大大的，看了我一眼，他眼裡噙著淚水。

一種難以表達的複雜情緒湧上心頭。讓我感到慌亂的是，我不知道那件事居然讓孩子這麼生氣，看他那麼痛苦我也覺得很抱歉，短短幾句話卻表現出那麼激烈的情緒，真的讓我很驚訝。那是出於被某人控制的鬱悶，雖然是自己的生活，本人卻沒有任何決定權的無力感和引發的憤怒同時湧出。

利用「生氣」這種不恰當的工具來控制孩子的父母

說來很羞愧，但那是我第一次意識到，孩子因為我的控制而感到痛苦。我並沒有讓孩子受苦的意圖，只是覺得自己的想法是正確的，所以要求孩子順從也是理所當然。

當時我認為，從我們家到公園要經過六線車道，小孩子自己一個人去很危險。而且當時誘拐事件頻傳，為了他的安全不得不進行管制。所以即便孩子反抗，我也會強制要求他必須聽話，最終以「生氣」這種不好的方法進行控制，強迫服從的力量所帶來的副作用，便原封不動地留在孩子身上。

是的，我是個有控制慾的媽媽。不管原本的用意為何，最後演變成只有按照我的指示去做，才是最好的，於是孩子的情緒和意見經常被無視。有個不時限制活動自由的媽媽，孩子會多鬱悶、多委屈、多氣憤呢？

越是不安的父母，越想控制子女

想要控制孩子的父母內心深處都有一種不安感。焦慮使他們把注意力集中在孩子身上，因為過度擔心、過分專注，因此對孩子的所有事情都管得非常嚴。

不安的父母認為唯有按照自己的吩咐去做才安全，所以為了保護孩子，即使生氣打罵，也要讓孩子順從。從這種脈絡中就可以理解所謂的「過度保護」是什麼樣子。

當孩子不遵照要求時，父母生氣的另一個理由，可能是為了鞏固自己的地位與權威。孩子不服從，父母會感到挫折，產生「你是不把爸媽放在眼裡嗎？把我們當什麼啊？」這樣的想法。這種現象多半出現在有嚴重自卑感、自尊極度低落的父母身上。

深入觀察會發現這種挫折感與不安連在一起，是對於自己身為父母的權威得不到認可的不安感，從根源上來說，這也是對自身存在的不安。為了消除這種不安情緒，便以動怒來控制孩子。

當然，並不是說控制就一定不好，教育子女畢竟需要一定程度的控制，但是如果過分限制自由會導致反效果。同時，若以暴力手段控制孩子，孩子會感到羞恥並產生罪惡感。

不能合理化以愛之名的控制

父母常以「因為我愛你」或「一切都是為你好」這種話來控制孩子。如果控制方式不被孩子接受、感到憤怒，那就要想想自己是不是出於愛，還是自私的慾望。

真正的愛是從尊重對方開始，幫助對方像自己一樣成長。對方並不是為了滿足我，為了達到我的目標而存在。對子女的愛也是一樣。

還記得小時候吃的什錦餅乾盒嗎？盒子裡有我喜歡的餅乾，也有我不喜歡、覺得不好吃的。孩子就像什錦餅乾盒一樣，有我喜歡的部分當然也有不喜歡的部分，接受和尊重不滿意的部分，那才是愛。

你心中控制的根源在哪裡？當想要控制的慾望蠢蠢欲動時，請記住一點，即使是孩子，在遭受到自己不願意的控制時，都會感到憤怒。

KEY POINT

- 如果每次都透過發怒來控制孩子，在真正需要控制的時候很難見效。
- 從小得到父母給予適當自主權的孩子，問題解決能力發達，長大後的生活也能有智慧地自我主導。

第 二 章

「生氣」到底是什麼？

”

是不請自來的客人，還是隱藏在我內心的老房東

生氣與憤怒，是挫折的另一個名字

「生氣」的定義是「發怒，因不合心意而不愉快」；「憤怒」則是「因氣憤引發的心理狀態」。生氣與憤怒都與「性情」有關，可以歸類為同樣都是「因氣惱或不悅而產生的不快感情」。

生氣和憤怒都是因為不愉快而產生的感情，不愉快是因為事情不順本人的心意，也就是與因挫折引起的感情是一樣的。

生氣並非因為「情況」而是源於「想法」

我們很熟悉用「火大」來形容生氣的表達方式。仔細想想「火」和「氣」其

實相似的地方不少。「火」是物體燃燒產生的光熱現象，火被點著就會瞬間燃燒，若任由火越燒越大，會漸漸席捲周圍、化為焦土。人心靈的火也一樣。

想要讓物體起火，光有燃料不行，只有火種也不行，必須同時具備燃料和火種，兩者接觸才能產生火。生氣的原理也是相似的。

我們在許多情況下會感到挫折、失望而灰心喪氣，例如為了生計受到壓力、因為工作受到挫折、在人際關係中遭遇痛苦。從表面上來看好像是因為這些情況讓我們生氣，但嚴格來說並不是這些情況本身點燃了火苗。

我們可以把事情的狀況比喻為裝在桶子裡的汽油，如果有人往油桶裡扔一根點燃的火柴，汽油就會一下子燃燒起來。心裡的火也是一樣，壓力就像積壓在心裡的汽油，當接觸到一點點火星，就會瞬間爆發、燃燒。

挫折的情況和「想法」相遇，就會產生火氣

像火柴一樣會引起心中火氣的觸發劑是什麼呢？專家們說那個叫「想法」，也就是說，比起性格上的問題，其實「想法」的影響更大。

壓力的種類很多，根據不同情況一個人可能會生氣，也可能平順地度過。舉

例來說，如果因為勞累想躺下休息，就只是身體不舒服而已，心裡不會產生怒氣。

要是孩子偏偏在一旁媽媽長、媽媽短，一下要找什麼，一下又問東問西，怎麼也沒辦法好好躺下休息，這時心裡會想：「孩子為什麼要這樣折磨我？」「為什麼什麼事都要找我？」再看到在一旁無動於衷的老公，又心想：「孩子那樣吵他難道都聽不見嗎？有時間看電視為什麼不會幫忙顧小孩？」「難道你是老爺，我是女傭嗎？」種種埋怨的想法開始浮現。

就在那一瞬間，心中的火開始燃燒，超越了原本只是單純因疲勞所導致的身體壓力，把「孩子或老公的錯」和「我的痛苦」連在一起，越想就越生氣。媽媽身體不舒服，孩子就應該安靜去做該做的事，但是沒有；老婆累壞了，應該關心一下，幫忙照顧孩子，但老公卻不聞不問，所以才會生氣。

發脾氣對有些人來說已經成為日常生活的一部分，他們普遍對很多事都不滿，一點點不順就會嘟嘟囔囔，總認為別人都是錯的，經常埋怨。在旁人眼中看來就像隨時準備發火的人，不過本人通常沒有自覺。

由於這些人容易因為一點小事就大發雷霆，所以周圍的人會擔心一不小心可能隨時會「掃到颱風尾」，而逐漸保持距離，但同在一個屋簷下的家人就很辛苦了，或許另一半因為是成人可以自我調適，但對年幼子女就會造成嚴重的影響。

童年未癒合傷口的副作用

人在生活中心靈受創的事數不勝數，若有尚未癒合的傷口留在心裡，隨時可能因為遭遇不好的情況而觸發生氣的「想法」。一旦產生壓力，不愉快的情緒就會上升，一般人可能情緒過去就算了，但若與幼時的傷口聯想在一起就會產生負面想法而生氣。

這些傷口在與年幼子女相處的狀況下也會無差別地被撥弄，特別是在心理結構成型的幼兒時期更嚴重，如果孩子無法理解父母生氣的原因，就容易產生不安、恐懼、羞愧、憤怒等負面情緒。父母應該知道，這些情緒對造成心理結構錯位有極大的影響，心理結構一旦成型就很難修正，所以後果非常嚴重。

當感覺到自己很難控制怒氣，甚至發現已經影響人際關係、出現問題時，請試著回溯兒時的記憶，想想在小時候父母否定我時有什麼反應？回想父母、老師、祖父母等有權威的人中，有沒有讓我感到痛苦的人？若能回憶起具體事件就更好了，或許當時曾有委屈、恐懼、自卑感，這些都可能成為今日製造憤怒的原因，它們也許正躲在你的內心深處，尋找合適的時機爆發出來。

KEY POINT

- 如果心中一直懸著某種問題，請試著從完全不同的角度重新檢視。
- 同樣的物品也會因為不同的角度看起來有差異。小時候看待事物的觀點和現在成年的觀點也不盡相同，感覺出其中的差異，或許就能成為治癒的鑰匙。

越生氣越火大

生氣的無限法則

忍著忍著，實在忍不下去了，火氣爆發出來，一般會說是「忍耐到了極限」，意思是人的耐性多寡是固定的，一直使用總有一天會全都用掉，大家也這麼想嗎？

物質的總量有限，如果持續使用最後全用完就消失了，這是總量法則。我們可以回想一下過了睡覺時間，但孩子還是不睡覺，纏著我們再多陪他們玩的狀況吧。

假設大家所擁有的耐心總和是十分，剛開始孩子稍微超過睡覺時間的時候，還能好聲好氣對孩子說趕快睡覺。這時使用了二分的耐心。

「媽媽要做完家事才能睡覺，你也要趕快去睡覺，明天早上才不會賴床啊。」儘管如此勸說，孩子仍然把繪本放在正在疊衣服的母親膝蓋上，要求念故事給自己聽。這時大概用了四分左右的耐心。

孩子不知道是聽見了還是沒聽見，還是一直跟媽媽唧唧哼哼。和孩子的哭鬧成正比，媽媽也越來越生氣了。心裡有股熱騰騰的氣在蠕動，感覺忍耐力正在下降。

想不到接下來的要求不是念故事，而是莫名其妙要吃白天剩下的冰淇淋。媽媽因為不想看到孩子哭著睡著的樣子，所以盡量耐心地哄著，然而這時已經必須用力抓住快要斷線的耐性。

最後終於觸底了！本想把孩子帶回房間，孩子卻向冰箱衝過去，於是忍不住咆哮：「喂，你討罵是不是？想邊哭邊睡嗎？」因為整整十分的耐心都已經用光了。

如果心中的怒氣也是限量的，爆發幾次後怒氣用盡便再也不能發火，會怎麼樣呢？那麼不只是親子關係，世界上所有的人際關係都會變得更幸福——但可惜事實並非如此。

「生氣」是完全不適用總量法則的，反而是恰恰相反。不會越來越少，而是越來越火大。那麼生氣是「無限法則」嗎？把氣發洩出來並不會讓心情冷靜，反而像不斷湧出的泉水一樣不停歇。連對捧在手心呵護的孩子也發起脾氣，每天都經歷無法控制怒氣的不幸。

為什麼會越來越氣

韓國ＥＢＳ教育電視台有部紀錄片《我生氣的真正理由》中，介紹過心理學家布希曼（Brad Bushman）博士的「憤怒表現實驗」。他把生氣的人分成兩組，一組在生氣時將情緒向外表現出來，另一組則是安靜地冥想。

結果，那些向外發洩怒火的人反而比剛開始更具攻擊性，把憤怒表現出來並不代表氣就消了，氣還是一直停留在心底，反覆沸騰。

生氣的時候，我們身上的血液會更迅速流向身體。因此反覆發脾氣，身體的肌肉會消耗更多的力氣，變得更強壯，但是掌管思考的頭腦功能卻會越來越弱，人就會變得不理性。

與此同時，生氣時的情感和想法，會引出許多過去的經歷，例如對方過去做過什麼對不起自己的事、讓人心情不好的行動和當時痛苦的情感會持續浮現，刺激怒氣正盛的當事人。火氣越大，對那些不好的記憶就越確信，隨著理性思考受限制，逐漸升溫的憤怒不斷擴大增生形成惡性循環，火氣就會越來越大。

腦內啡召喚怒火

憤怒如果像火山一樣瞬間噴發，那麼發完後就會消失嗎？當然發洩不是完全沒效果，有人在盛怒時會大叫、扔東西等比較激烈的行為，從中得到暫時的快感，因為做那些行為時就像運動一樣，我們的身體會產生成一種腦內啡（endorphin），帶來愉快、有點陶醉的感覺，有點類似成就感。但是，這種心情只是暫時的，大部分情況下，比起短時間的痛快效果，損失反而更大，往往會留下破裂的關係、空虛感和罪惡感。

以攻擊性、破壞性的方式消除怒火的人，會在不知不覺中重複這些行為。享受發洩當下暫時的良好感覺與陶醉，結果便上癮成為習慣。父母若習慣性以激烈的方式發洩怒氣，會在年幼子女心中留下可怕的印象。特別是嬰幼兒時期的孩子，由於正是心理結構成型的時期，更會造成莫大的傷害。

生氣是為了守護和保護自己的一種情感

人都會生氣，當生氣的時候，忍耐不表現出來就是好的嗎？感到憤怒，將怒氣表現出來本身並不是問題，會發生問題通常在於以攻擊性或破壞性的方法表達憤怒。

憤怒是生存必須有的情緒，是自我防禦和進行守護的重要情緒。如果來來往往的人經過時都莫名其妙地打我，而我都忍氣吞聲不表現出來，結果會怎麼樣呢？

最後可能會受傷去醫院，嚴重的話甚至有生命危險。爆發性、衝動性的發怒固然會造成問題，但如果一直忍著也不是件好事，若是忍到不能忍的時候，情況會變得無法承受。

過去教育孩子凡事要多「忍耐」，在那樣觀念下長大的父母也會要求自己的子女要忍氣吞聲，不然就是沒有教養或莽撞草率的人。

所以孩子們在尚未能完全體會自己的情緒之前，就被教導說生氣是負面情感、心須忍耐才行，反而會錯過學習了解和調節自己情緒的機會。

人都有怒氣，你可以選擇忍耐當然也可以發洩出來，重點是要學習如何理性、適當地發洩。生氣發怒不是為了傷害別人，而是為了守護和保護自己而生的情感。因此，對發脾氣這件事我們也沒有必要害怕或迴避。

KEY POINT

- 忍氣吞聲成心病，在韓國俗稱「火病」，因為怒火都積鬱在心中而引發身體疾病。
- 感情沒有絕對好壞、對錯的價值概念。媽媽要確實理解關於生氣的前因後果，才能幫助孩子學習管理憤怒的情緒。

偽裝高超的另一種臉孔

生氣有千張臉孔

提到生氣的人，你會想到什麼？是皺著眉頭大吼大叫、扔東西或用拳頭捶桌子，還是氣噗噗紅通通的臉龐。憤怒不會輕易顯露自己的真面目，通常會以截然不同的面孔出現，所以人們有時候會沒意識到自己「生氣了」這個事實。

憤怒會喬裝成各種各樣的面孔，這是為了將因生氣遭受的損失最小化。表面上看起來好像沒有生氣，但其實是不想受到別人的指責或攻擊，這是保護自己的本能防禦也是偽裝術，換句話說就是生存戰略。

消極的情感會成群結隊

類似的情感通常會成群結隊，負面情感尤其如此。生氣的時候不單是生氣，還會伴隨著委屈、羞恥、挫折、失望、傷心、痛苦、厭惡、難過、罪惡感、不滿、不安、煩躁等情緒。

這些情感在憤怒背後界線不清地融合在一起，如果沒有明顯區隔就會全都凝聚成「憤怒」表現出來。也就是說，如果不能正確分辨出自己當下的情感，那麼即使傷心也會發火，覺得丟臉時也會發火。

這種情形在還不懂得情感區別的孩子身上很容易看到。例如被別人取笑，孩子感到丟臉會突然發火，甚至以打人來洩憤；或是在玩積木時因為一直堆不好，感到挫折而發怒。

大人若沒有充分了解自己情感，也會表現出一樣的反應。遇到這種情況的人前來諮商時，我會引導他們洞察自己在「生氣」這個面具下的其他情感，幫助他們認識那些情感與生氣有什麼關聯。利用形容各種情感的詞語目錄進行諮商，或寫下情感日記也有很大的幫助。

理解憤怒變成的各種面孔

為了調節怒氣，首先要認識生氣的兩大面孔。一種是任誰一看就知道在發火的表現，另一種是雖然內心感到憤怒，但因為其他原因讓憤怒轉換成其他看起來和生氣無關的情緒和行動。

像大聲喊叫、撕扯或扔東西等攻擊性語言和行動；使用暴力向對方宣洩不滿的情緒；故意無視對方的行為；帶有指責的表情或嘲諷的話等，從這些直接的表現方式，都可以知道對方生氣了，當事人也會意識到自己正處於憤怒狀態。

相反地，有些人從外表上看不出來到底有沒有生氣，有時連他自己也不確定是不是生氣了。從精神健康的角度來看，這種情況是不好的信號。

所以為了好好調節「生氣」這個情緒，第一步就是要意識到自己生氣了。唯有知道自己處於生氣中，才能控制自己。

生氣最常見的臉孔：憂鬱

生氣時最常使用面具是「憂鬱」。憂鬱是被壓抑的否定情緒在攻擊自己時產生的感情。也許是生自己的氣，也許是虐待自己，如果情況嚴重，甚至會做出放棄自己的極端選擇。

一位三十多歲的媽媽前來找我諮商，她的孩子很善良，丈夫也沒有什麼問題，經濟方面也不用擔心。但是她總覺得生活沒有意義，覺得自己的人生庸庸碌碌沒什麼好事，心中總是常常浮現這種沒有明確對象的埋怨心情。

看到成長茁壯的孩子和一切都沒得挑剔的丈夫，明明應該要感謝他們，但她偏偏會聯想到除了自己之外，全世界都運轉得很好，這又讓她自己感覺像個冷漠的壞人，所以非常憂鬱。

想到自己對嘻笑玩鬧的孩子們說「媽媽這麼痛苦，你們為什麼那麼高興」，之後又會陷入深深的罪惡感，似乎自己沒有活下去的價值。再想到孩子們其實什麼都不知道，卻莫名其妙變得凡事都要小心翼翼看自己的眼色，又覺得很心疼。

我直覺認為她的狀況可能和小時候的傷痛有關，所以特別針對童年經歷進行深談。她的母親連生了四個孩子，其中還有一對是雙胞胎，結果因為過度勞累而病倒，無法照料子女。

她不得不被送到鄉下的爺爺奶奶家。每天太陽下山時，她都會坐在地板上，呆呆地看著大門，一邊想念爸爸媽媽，一邊期待他們來接自己回去。

雖然偶爾父母會和其他手足一起來看她，但面對他們總有一種莫名的生疏感。每每她總是看著父母牽著姊姊、哥哥、弟弟離開的背影，一個人獨自傷心難過。「是因為我最不聽話嗎？如果我能變得乖一點，爸爸媽媽是不是就會來接我回家？」她不發牢騷，很聽奶奶、爺爺的話，努力當個乖孩子。

就這樣過了三年，她在準備上小學時終於回到自己的家，但依然無法擺脫「局外人」的感覺。她感覺在爺爺奶奶家那幾年，自己根本就不是這「一家人」中的一分子。感覺被冷落，和家人在一起的不自在，讓她學會處處察顏觀色，傷心、憂鬱、孤獨、還有一點憤怒等，這些孩子時期難以承受的消極情緒積聚在她心裡，從心理結構成型的重要嬰幼兒時期開始，她就長期累積過多的負面情緒了。

透過諮商找到她心中那戴著憂鬱面具的憤怒。她真正想問的是「為什麼偏偏把我送走？」「因為我最沒有用嗎？」對父母產生了抗拒、思念、埋怨，但一方面心裡又存有期待，告訴自己要當個乖孩子，她不懂也無法對外表達對父母的憤怒，最後演變成攻擊自己。

憤怒的另一面：被動攻擊行為

另一個經常被用來表現憤怒的面具是被動攻擊行為（passive-aggressive behavior），這是指當面對比自己力量大的人時，不直接抵抗，而是採取間接反抗的不合作行為來保護自己。

例如表面上好像接受了對方要求，但卻有意無意地拖延，或找些其他理由推拖。以小孩來說，可能是針對父母的指示能拖就拖，例如叫他去買東西、辦事就慢慢走，或是耍賴、找藉口、先做其他無關緊要的事等，就是不肯去做父母交代的事。

會用這種方式，是因為判斷如果表達生氣的情緒，對自己會有不利或損失，所以避免直接衝突，拐個彎用好像沒生氣的行動掩蓋自己真實的情緒，在小心翼翼發洩怒氣的同時保護自己。

雖然有些人能夠很清楚自己明明生氣了卻裝作沒事，刻意採取被動攻擊行動來掩飾憤怒，但有些人並未意識到自己生氣了，不想照對方說的去做，不願被對方牽著鼻子走，在無意識之下採取被動攻擊行動，這種人的行動通常會更嚴重。

憤怒以外的其他面孔

有些人在生氣的時候，不正面表達而是輕描淡寫地迴避，這又是另一種面具。這種人在生氣的時候會以「這種事不應該生氣」來說服自己減少感受到的憤怒，或是以「生氣是沒有教養的事」來合理化或美化自己。

有人則是會順著對方的情緒調節氣氛，但實際上是避免自己的憤怒爆出來。也有人會自動切割情感，讓自己和生氣的狀況劃清界線，甚至乾脆完全不與人對話以斷除一切生氣的可能性。

憤怒有各式各樣的面具，有些我們知道，有些則掩飾得很好讓人看不出來。那些面具都是因為我們心裡害怕表現出生氣的情緒而製造的，但反而會造成壓抑、疏離等反效果，如果能正視面具下的真實情感，我們才能適當地抒發、調節，就不會被憤怒牽著走了。

如果你也有類似上述的面具，現在就應該好好確認心裡是否藏有連自己都沒發現的憤怒，並試著面對憤怒的本質，我到底害怕什麼？這個憤怒是從哪裡來？是不是已經隱藏很久了？這些都要仔細思考，以正視問題。

如果希望和孩子擁有幸福生活，首先就要認識在你心底深處，是不是也有個變裝大師叫「憤怒」，總是以不同的面具讓你忽略心裡真正的憤怒。

KEY POINT

- 憂鬱、被動攻擊、迴避等面具來掩飾憤怒情緒的理由，通常是為了保護自己，避免因生氣而遭受損失。
- 孩子與大人相比之下是弱者，所以更應該好好觀察孩子是否也常為憤怒戴上其他面具。

我是對的，是你錯了

媽媽說的話是對的，你怎麼不照媽媽的話做呢？

正秀家的問題，出現在討論問題兒童議題的教師研討會上，是討論案例之一。正秀在學校和同學們相處得很融洽，愛說話也很活潑，但在家裡總是悶悶不樂，話也不多，特別是跟媽媽幾乎不對話，連在一起都顯得彆扭。

事情是這樣的。正秀媽媽是個很有自信的人，認為自己的想法和行動是正確的、最好的，所以會強迫家人也認同自己的想法，如果對方與自己的想法不同，那麼對方絕對是「錯的」。因此，只要別人不按照她的想法去做，正秀媽媽就會格外鬱悶和生氣。

對正秀媽媽來說，婆婆和丈夫不是可以對抗或爭辯的對象，而年幼的正秀卻得原封不動地接受母親的憤怒。正秀如果不聽她的話，媽媽會不斷糾正他那樣是錯的、媽媽才是對的，直到正秀按照自己所說的去做為止。在那個過程中的媽媽常常讓正秀感到很可怕。

害羞又膽小的正秀非常害怕那樣的媽媽，因為不知道她什麼時候會生氣又來碎碎念，所以在家裡常常很不安，盡可能避免和媽媽在一起；即使在一起也幾乎沒有對話，本能地尋找減少傷害的安全方法。

錯誤的信念造就易怒的媽媽

但是，正秀媽媽一直無法了解是自己的行為對孩子帶來巨大的不安和恐懼。她不認為是自己的問題，很困惑孩子為什麼總是避開自己，於是向老師尋求幫助。

正秀媽媽是典型易怒的人，她生氣的原因是把「我是對的，你錯了」當成心中的信念一般，而且這個信念還被擴大成「因為我是對的，當你錯了我就必須改變你」。因此只要對方不承認這一點，仍堅持自己的想法，正秀媽媽就會被激怒。

雖然自己的想法是對的，但對方不承認，所以感到鬱悶，加上對方不接受，更覺得不受重視，所以遭到拒絕後就會爆發怒氣，並且為了證明自己才是對的，會進行更強烈的反駁。過程中會引發爭吵，而爭吵又會助長怒火，為了讓對方承認自己錯了，所以會揭露對方的缺點或不足之處，進一步導致感情惡化，最終對話意願中斷，關係被破壞。

這樣的模式在親子關係上更危險，因為對子女來說，父母是無法推翻的權威者，每天在教育的名義下反覆聽父母叨念、生氣，長期累積下來只會給孩子帶來深深的傷害。

易怒者的二分法思考

像正秀媽媽一樣的父母不少，只是程度上的差異而已。遺憾的是，大部分都認為「我生氣是正當的」，沒有問題意識，往往等到孩子出現偏差行為後才來尋求幫助。

容易發火的人腦子裡只有兩種人：「和我持有同樣正確想法的人」和「持有與我不同、錯誤想法的人」。由於被這種二分法的邏輯束縛，所以會覺得這世上真是有太多令人鬱悶和痛苦的人事物。

這類型的人認為有錯誤就要改正是理所當然的事，「我要幫你，為什麼不接受呢？真是讓人太氣悶了！」所以發脾氣並沒有不對，但與對方關係惡化之後，又會覺得自己很冤枉、更加生氣。越是這樣，就越想強調自己是對的，如此持續不斷地惡性循環。

媽媽毀了，孩子也毀了的不合理信念

「我對你錯」這種信念，與認知心理學中所說的「不合理信念」有關。不合理的信念是導致人們患上心理疾病或不適應社會，無法正常生活的重要原因之一。

具有不合理信念的人，會以「當然是……」、「一定要……」這類正當化的形式對自己和周圍的人提出過分的期待和要求，如果要求得不到滿足，就會感到受挫而生氣。從客觀層面來看，那都是不合理的想法，但本人卻堅信「我的想法是對的，你們當然應該照著做」。

舉例來說，有的媽媽會認為：「為人子女理所應當無條件地服從父母的話，這不是最基本的嘛！」子女應該聽從父母是沒錯，但並非「理所當然、無條件」，那是不合理的信念所導致的過度期待和要求。

如果子女不服從或有其他意見，這些媽媽就會說：「孩子怎麼能對父母講這種話？這是絕對不允許的！」試圖用「違背當然義務的倫理」做誇張的解釋，因為不合理的信念未能被實踐而感到挫折。

因為受挫折，忍耐度就會持續下降，最終會無法忍受，認為「反抗父母、隨心所欲的孩子不是我的小孩」，並表現出譴責、蔑視、憤怒等情緒，有些人還會解釋成「這都是我沒有身為父母的權威」而對自己感到死心、失望或自我貶低。

其實每個人都有某種程度的不合理信念，但是，心理健康的人，越能認清自己的不合理信念為何，努力培養符合實際的眼光。若是固執地認為家人或身邊的人有義務達成自己的期待，一旦對方未如預期做到，不管怎麼解釋在你聽來都只是狡辯，因為你只相信自己堅定不移的信念。

你是怎麼樣呢？是不是和正秀媽媽一樣，始終相信自己是對的，別人都是錯的？下次如果孩子不接納你的信念，先不要急著生氣，不如自己先想一想是否也有堅定不移的不合理信念。

就算在我的立場上是對的，但站在孩子的立場上情況也會不一樣

「理所當然」的標準或適當性因人而異，心理健康的人能夠承認別人的「不同」。如果我們都能具備「從我的立場來看是對的，但從你的角度看也許不是最正確」這樣的包容性，那麼在行動上會有什麼變化呢？

那就是打開了「可能性」的空間。孩子因為貪玩而沒做好自己該做的事情，會去想：「孩子還小，有可能因為玩得太開心而忽略了。」或者孩子經常失誤，也會說：「大人也可能會失誤，更何況是孩子？我也是這樣長大的。」如此一來就不會生氣了。

但是，天下沒有白吃的午餐，要改變這種局面，就必須努力，不要害怕失敗或失誤，要經常提醒自己。凡事總要先踏出第一步，希望父母也不要忘記，只有和孩子一起成長，才能真正成為稱職的父母。

KEY POINT

- 認為孩子「和自己有不同想法就是錯」的父母們，若只想按照自己的想法去改造孩子，就會反覆發脾氣。
- 生氣前請先說：「這樣的情況也是有可能的。」語言和行動是互補關係，先說出口可能就不會貿然行動了。

第三章

如果父母經常發脾氣，孩子會變成什麼樣子？

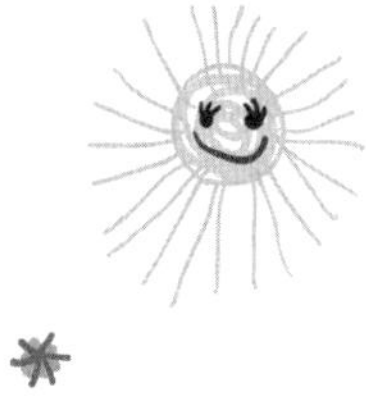

「縮小者」與「擴大者」的對決

同一天出生，反應也不同

永珍與河珍是雙胞胎姊妹，媽媽平時不怎麼生氣，但一生起氣來就非常可怕。不過媽媽發現自己生氣的時候，兩個孩子的反應截然不同，一時不知道該怎麼對應，於是就來找我談談。

老大永珍很害怕媽媽發火，會大哭、大聲說「不要生氣」表達自己的立場。相反地，老二河珍卻沉默寡言，不想和媽媽面對面。問她話也不回答，只是蜷縮著坐在一旁，嚴重時甚至不願與媽媽對視，像刺蝟一樣帶著刺縮著，反而讓人感到不安。結果常常因為老二的緣故，即使問題沒解決也只能先停止發怒，這讓媽媽感到苦惱，因為這樣就無法好好教育孩子。

即使親兄弟姊妹，個性也不會完全一樣，因此父母在生氣時也要根據孩子的性格調整自己的態度。有些孩子在大人生氣時什麼話都說不出來，畏縮不前；相反地，有些孩子可能比大人還大聲，或哭鬧、或辯解，所謂的「無理取鬧」。

當人們覺得安心、安全的狀態被打破時，會使用不同程度的能量來保護自己。根據能量使用的型態，可分為縮小型（minimizer）和擴大型（maximizer），如能理解這兩個類型，我們就可以從力學的角度來理解憤怒。

縮小者如果感到外來的刺激破壞平靜安全的狀態，會把自己的能量縮小到最低限度，以確保安全。也就是為了保護自己，縮小者會減少表面接觸來避免發生需要做出反應的狀況。這類人遇到別人對自己發怒，或是處於害怕、擔心的狀態下，通常會畏縮，避免發言，獨自靜靜地待著等風暴過去。

相反地，擴大者則將會自己的能量擴大到最大程度來保護自己。所以這種人在受到驚嚇，感到害怕、擔心時，反而說話音量會變大、身體用力而緊繃，積極地表達自己的立場。將自己的能量放大，好增加表面接觸時的反應力道，讓自己可以抵禦。

你的孩子是擴大者還是縮小者？你自己又是哪一種呢？根據父母和子女不同的搭配，同樣的狀況也會有不同的結果。

擴大者父母與縮小者子女的組合

這種組合中，父母越生氣，子女就會越畏縮，不想說話，不想動彈，只想安靜地待著，以不變應萬變。有的孩子就算媽媽叫他過來、到房間裡來，也好像沒聽到一樣，會在他覺得情況安全之前，一直堅守在原位。因為縮小者是以減少能量來確保自己的安全。

但是，看到子女這種毫無反應的狀況，對於擴大者父母來說，是打破自己安寧的另一個刺激。子女的表面行動越少，父母就會越生氣，因為這類型的父母是透過擴大自身來尋找安全。

遇到這種父母，縮小者子女會更加不安。父母越擴大，孩子就會越畏縮，就像伊索寓言中的〈北風與太陽〉一樣。

風越颳越猛，旅人為了保暖不讓衣服被吹走，只得更緊縮著身體前進，就像孩子為了保護自己而更往角落退縮、緊緊鎖住自己內心世界。相反地，風又如何呢？旅人蜷縮得越小，衣服拉得越緊，風吹的力道就更強、更具攻擊性，就像擴大者父母一樣。

由於父母不斷擴大能量，孩子只能頻頻受到傷害，畏縮、難以溝通、固執、防禦性強，最後孩子將成為與父母期待相反的孩子。

縮小者父母和擴大者子女的組合

如果是這種組合，擴大者的子女一旦生氣、擔心、害怕時情緒就外顯，而縮小者父母就會在心理上萎縮。雖然身為教育者、養育者的權威地位，但面對不懂事的孩子的擴大反應，父母會減少自己的能量，減少做出行動和言語上的反應。

或許有人會覺得：「再怎麼樣，孩子也不可能跟大人對抗吧？」但在這裡我們不能用「弱小孩子」與「強壯大人」之間的對決來看，應該視為基於本能確保自己安全的反應方式。

縮小者父母會說：「我才不是因為害怕孩子的反應，我只是懶得理他。」雖然不同人縮小的程度有差異，但感覺總像被孩子牽著鼻子走。所以在教養方面，這類家長相對承受的壓力會比較大，而且壓力多半是自己給的，他們會認為問題在於孩子太難教或是覺得都是自己能力不足。

縮小者與擴大者交錯的家庭

這是一個家庭諮商的案例，身為縮小者的先生，在家庭中感到非常痛苦，所以我提議全家一起來進行諮商。

在這個家庭中先生是縮小者，太太和兒子是擴大者。在孩子出生前，擴大者太太就經常對先生施加壓力，讓先生只得縮小以取得安全感，隨著同為擴大者的孩子出生和長大，家中擴大者的力量較強，讓爸爸的安全感深受威脅。

與此同時，太太對於不說話、不做任何表情，對自己說的話選擇性忽略，獨自進入安全洞裡迴避一切的先生感到鬱悶。雖然她不是故意要逼迫和催促，但先生卻越來越退縮，就像北風吹得越強，旅人就把身體縮得更小。

太太問他是不是心情不好，先生回說「不是」；問他是不是遇到什麼問題，又回答「沒事」。仔細觀察就會發現，其實太太也很辛苦，她希望得到先生的回應，但他卻盡量縮小與她表面接觸的範圍，讓太太覺得自己好像很難相處的樣子，夫妻之間的關係就越來越萎縮。而越是這樣，她的怒氣就越會外顯，久而久之已找不出是哪裡出了問題、該如何解決的惡性循環。

而擴大者兒子從小面對爸爸的責備或訓斥時，會比爸爸更生氣、說話更大聲，讓爸爸覺得：「這孩子真是遺傳到媽媽，什麼都忍不了。」因此產生了挫折感。不知不覺，爸爸也開始看兒子的臉色，很怕他生氣或煩躁，面對小孩也不自覺地畏縮，爸爸自己想想都覺得心寒，又很痛苦。

如果跟太太訴說對孩子的不滿，太太就會說：「你不要逃避，直接和孩子面對面說出你的想法就好啦！我覺得你才悶呢。」聽到這句話他都想大喊：「我也想那樣啊！」但對縮小者來說，擴大能量做出外顯行為並不是件容易的事情。

無法獲得同理的先生感到孤單、意志消沉、抑鬱感越來越嚴重，看到太太和兒子感覺他們就像是來折磨自己的。在這個家庭裡，先生並未與妻兒建立深厚的感情紐帶，只是單方面處於情緒撤退的狀態。

那麼，媽媽和孩子的關係就比較好嗎？

其實不然，遇到問題時，兩人都會為了保護自己而擴大能量，因此兒子和媽媽之間會衝突不斷，彼此的擴大反應增加了對方的攻擊性，兩人動不動就發怒，這樣下去有一天說不定家庭真的會破碎，於是爸爸決定尋求專業的幫助。

互相承認不同，理解了就會有答案

為了確保自己的安全感，每個人都會有擴大或縮小自己的反應，但一般來說會調節出適當的反應。若是會表現出極端反應的人，應該檢視一下心理的健康狀態。

你是什麼狀態？是極端擴大的人？還是極端縮小的人？你能適當調節自己的情緒嗎？即使身邊有會做出極端反應的人，也沒有必要感到絕望。

你的孩子又是怎麼樣的呢？同樣地，不需要感到絕望或挫折。父母和子女不同，那個不同只是一種「差異」而非對錯。當我們能理解和接受這個「不同」時，才能適度調節自己的能量。我們要幫助孩子從小就認識自己的性格，扮演好教練的角色，讓他們可以靈活地運用能量，而非極端地擴大或縮小。

對於縮小者的孩子來說，父母可以用較柔和的表情和聲音，幫助孩子找到安全感；對於擴大者的孩子來說，在氣頭上硬碰硬會有反效果，最好先讓他們冷靜下來，一旦感到安全平靜，就能消減他們欲爆發出來的能量。

父母也應該有所改變，父母的改變對孩子來說是百分之百的生活教育。了解自己的現狀意味著開始走向改善的旅程，好的開始是成功的一半，只要多踏出一步就離終點更近一步。理解得越多就能改善更多，希望不要再因不了解而讓孩子受到傷害了。

KEY POINT

- 如果父母是嚴重的縮小者、子女是擴大者，會很容易被子女牽著鼻子走，喪失父母的權威，孩子也會變得沒有禮貌。
- 如果父母是嚴重的擴大者，子女是縮小者，從小壓抑的憤怒累積到青春期，就會變成完全不一樣的孩子，發生嚴重的反抗。

以負面情感看待一切的結果，成為憂鬱的孩子

受早期英語教育折磨而掉髮的孩子

我在電視台擔任製作人時，曾遇到一個三、四歲的男孩，他當時的模樣讓我很震驚，現在偶爾還會想起他，不知長大後的他怎麼樣了。因為過早的英語教育，讓他小小年紀就有憂鬱症和壓力性掉髮的困擾，光看就覺得很可憐又心疼。

因為媽媽希望孩子早點打好英語基礎，所以幾乎是剛學會講話的同時就展開英語教育。她用一面韓文、一面英文的字卡，教還在牙牙學語的孩子英文。

在媽媽看來這些內容很簡單，但對剛滿兩歲的孩子來說卻非常辛苦，並未如媽媽所期待的跟上進度，常常剛學就忘了，讓她既心急又鬱悶而忍不住發火，越是發火，孩子就越緊張、失誤更多，媽媽的火氣就更大。

有一天，她發現孩子一頭濃密的頭髮中間禿了一塊，大約是硬幣大小，嚇得立刻帶孩子到醫院。經醫生診斷，孩子是因為精神壓力過大而引起掉髮和憂鬱症。在錄製節目時，這個小男生正在接受治療，但情況並不樂觀。當時媽媽因後悔和自責流下眼淚的樣子，至今還清晰地留在我腦海裡，只要想到就覺得心痛。

孩子的憂鬱症與成人不同

父母發怒時，孩子們都會感到不安又害怕。因為無論自己是否有犯錯，光是看到平時依靠的父母發火就是件很可怕的事。從那些不理解孩子不安、害怕、畏縮、委屈的父母身上，孩子感受到強烈的拒絕感；從指責、辱罵、說重話等暴怒型的父母身上，感受到嚴重的羞愧感，並經歷著精神上的虐待。

這些負面情緒都會讓孩子陷入憂鬱。一般來說，憂鬱會伴隨著無力感、失落感、挫折、悲傷、消沉、悲觀等情緒，生理機能和精神也會下降，表現出消極、退卻的行為和反應。如果再加上物理性暴力，就是名副其實的受虐兒童。不單只是身體上的虐待，還會給孩子帶來巨大的心理創傷。情況如果反覆出現，憂鬱的情緒就會成為習慣，最終發展成憂鬱症等心理疾病。

如果孩子的心靈創傷像身體上的傷口一樣，能親眼看到的話，或許父母就不會那麼輕易地生氣。因為心靈的傷口比身體的傷口撕裂得更慘、血流得更多。

兒童憂鬱症並不容易察覺得出來，因為症狀與成人典型的憂鬱症不同。又稱為「假面憂鬱」，因為它就像隱藏在面具背後一樣，如果父母未察覺到孩子的憂鬱傾向，對待孩子仍一如往常，很容易因為孩子態度異於平常而大發雷霆。結果情況變得更嚴重，孩子的憂鬱也更嚴重。

前面提到的那個男孩，如果他的父母早有警覺，就不會患上壓力性掉髮的症狀了。

觀察孩子是否憂鬱的十種現象

根據韓國的〈中央大學醫院健康專欄〉（ch.cauhs.or.kr）的介紹，若出現以下現象，可以懷疑是否患有兒童憂鬱症。

1. 一反常態，遇到一點點小事就大發脾氣、放聲大哭。

這種狀況父母通常會認為孩子只是鬧脾氣，為了糾正孩子反而會更生氣。如果孩子越來越煩躁，經常哭鬧，父母就應該有所警覺。

2. 無特殊醫學原因，卻常說身體不舒服。

這個現象稱為「身體化疾患」，也就是受到壓力或心情鬱悶時，會反應在身體上。人的身體是有機體，身體和精神是相連的，特別是像胃、大腸等消化器官以及肌肉，與大腦有直接關聯，很容易受到心理影響。心情不好時吃飯容易消化不良；有人一緊張就會腹瀉，肌肉僵硬或麻痺的情況也不少，像孩子們就會常說「肚子痛」、「頭痛」、「頭昏」等。

3. 孩子的行為過於激動或說些極端的話。

溫順的孩子突然變得散漫、坐立不安，或是忍不住生氣，扔東西或大聲罵人，甚至有更暴力的行為。

4. 臉上常常出現沉重的表情，不愛外出，只想一個人待在房間裡。

憂鬱症通常起因於幸福的喪失，根據不同情況，會變得常常幻想或時常擔心這個、擔心那個。

5. 少言寡語，對平時喜歡的事物突然沒什麼興趣。

平時喜歡看的電視節目變得沒有意思；與家人在一起玩遊戲時，原本總是嘰嘰喳喳的孩子卻變得沉默寡言，對原本喜歡的東西也不感興趣。

6. 在日記本或和朋友的對話中，發現死亡、孤獨等負面內容。

我曾看過患有憂鬱症的小學二年級孩子的HTP檢查紙（一種美術治療，以房子、樹木、人為主題進行繪畫，以診斷心理狀態），上面畫了像墳墓一樣沒有窗戶的房子、露出腐爛根部、葉子乾枯的樹，像死了一樣躺著的人。

這個性格內向的孩子，父親有暴力傾向，母親則不時離家出走，家庭不和，他在學校也受到同學排擠。

7. 有別以往，突然對一些小失誤頻頻說「對不起」。

無力感是憂鬱的另一個名字。因為覺得沒有自信、軟弱無力，認為會因為自己的失誤而毀了所有事情，所以行動變得膽怯畏縮，反應消極。

8. **學習效果變差，常說自己像個傻瓜。**

許多研究結果顯示，如果一直持續憂鬱，不僅對身體發育不利，對智能發展也會產生負面影響。因為凡事都沒有熱情，感到無力，連帶的失去進取心也無意嘗試新事物。

9. **拒絕進食，難以成眠，時常發愣。**

平時愛吃的孩子突然沒了胃口，或常常看到孩子發愣，有時又看起來疲憊不堪。

10. **產生幻聽、自責妄想、處罰妄想及關係妄想等症狀。**

妄想是一種無法以理性解決事情的病態性信任。憂鬱加劇時可能會伴隨各種妄想症狀，例如認為自己的行為應該受到處罰、認為他人的言語和行動都是在針對自己的關係妄想等，這時候應該盡快尋求專業協助。

KEY POINT

- 患有憂鬱症的孩子身體和智力發育遲緩，容易產生貶低自己的想法和消極思考。
- 針一樣大小的傷口若放任不管會越來越大，最終潰爛。即使是小小孩子的憂鬱，如果長時間視而不見不處理，會越來越嚴重到難以收拾。

大聲咆哮的父母塑造沒有安全感的孩子

我的名字不是「喂！」「你！」

「媽媽通常都在什麼時候發脾氣？」

「說我不聽話時。」

「她發脾氣時會怎麼樣？」

「她會用手指著我大聲地說『喂！』『你！』很凶地瞪著我看。」

「那時候你心裡有什麼感覺？」

「覺得很害怕，提心吊膽的，心臟怦怦怦地跳，心情變得非常奇怪。不過有時候我也會很生氣。」

「心情怪怪的，是覺得不安嗎？」

「對……怕媽媽會更生氣。每次她只要一皺眉頭，或大聲喊叫，我就會怕她是不是生氣了。上次還把抹布丟過來。」

「啊，媽媽不生氣的時候你也會擔心她生氣而感到很不安啊。那媽媽生氣的時候可以怎麼做，你才不會那麼害怕，也不會那麼不安？」

「如果她不要指著我叫『喂！』『你！』而是叫我的名字就好了。還有講話不要那麼快或動不動罵我，希望她能慢慢講就好了。」

「如果媽媽那樣做，你就能聽清她說的話是嗎？」

「對。」

以上是我和小學一年級的民成的對話。民成並不是有特別問題的孩子，這也不是在諮商室進行的對話，而是我們偶然見面，自然而然就聊到的事。你是不是也以為孩子還小、不懂事，所以沒什麼想法嗎？

被叫「喂」是多麼貶低的感覺？抹布丟到自己面前，即使落在腳下，也是極大的羞辱。媽媽生氣的時候，知道自己是什麼感覺，孩子也是。他們只是還不夠成熟不會表達，但他們的感覺和大人一樣。

教導時一旦發火，瞬間一切就毀了

父母最常生氣的情況，就像民成說的一樣，是孩子不聽話的時候。大部分父母都說自己是在教導孩子，事實上卻在對孩子生氣。教導並不是一邊發火一邊教的。

正確的教導是針對不聽話的情況予以指正，但若是在教導時發火，會容易失去理智，偏離主題，把以前的不滿也帶進來批評。

「你每天早上都這樣，收東西到底要收幾年才收好啊？要你改有那麼難嗎？所以你的成績怎麼會變好？連自己的東西都沒辦法收好，你也那樣想對吧？你以後會是什麼德性我現在就能看出來，你這樣長大娶得到老婆，可以賺錢養家嗎？真是令人心寒的孩子。」

像這樣由於越說越生氣，把孩子的過去和未來都扯進來，說出人身攻擊性的言辭。在你發怒的那一刻起，教導的意義就毀了。父母生氣，孩子會感到害怕和不安，在不安的狀態下，他們能學到什麼呢？什麼都學不到，只會一心等待風暴過去，不然就是想盡辦法逃跑。

因不安而更纏著父母

我知道父母們想必也有話要說：「因為好好講孩子不會聽，所以才要生氣。」我自己也有小孩，完全可以體會。但是，如果孩子一不聽話自己就發脾氣，久而久之成為習慣的話，就會失去教育小孩的機會。人是在與他人一起生活的過程中，學習必要的道德、社會規範、普遍的價值觀等，若因生氣錯失好好教導孩子的機會，也就等於讓他們喪失學習的重要機會。

不僅如此，比起好的記憶，我們對壞的、負面的記憶印象更深刻更持久，所以孩子會一直記得父母常常對自己發火，總是感到不安。

只要媽媽一皺起眉頭，孩子就會緊張，開始想「我是不是做錯什麼？」「媽媽要是生氣了怎麼辦？」「我可以怎麼躲？」同時逐漸失去自信，常常感到羞愧，自尊心也跌至谷底。

人一旦感到不安或失去安全感就會過度防禦，並因害怕而執著，因此會對正在生氣責罵自己的父母，感到更加不滿或是使性子，同時對自己喜歡的玩偶或枕頭等物品移情依賴。

因不安而逃往想像世界的孩子

雖然不多見，但有些孩子一旦過於不安，就會進入自己創造出來的虛構世界。那是一種逃避，在想像的世界裡製造出能帶來舒適和安慰的人，每當遭遇困境時就躲入那種關係中以取得安慰，找回安全感。

六歲的賢國只要開始感到不安，就會和腦海中想像出來的姊姊聊天。那個姊姊就像實際存在的人一樣，不只有名字，甚至連居住社區都有。賢國還經常向朋友們炫耀有個親切的姊姊，讓大家以為姊姊真的存在。

想像出來的姊姊溫柔親切，會傾聽賢國說話，時時稱讚他，給予溫暖的擁抱。那其實都是賢國的期待，把自己希望獲得的對待創造成一個幻想世界，覺得心累時，就進入那個世界中填補空虛，撫慰受傷的心。

很多孩子會像賢國一樣「迴避」不安，但大多是使用「壓抑」的防禦機制。當媽媽生氣時，孩子就會認為媽媽和自己的關係亮起了危險信號，所以會感到不安和害怕。

特別是孩子自己也生氣的時候更是如此，如果讓媽媽知道自己也生氣的話，關係會更危險，所以為了和媽媽維持關係，便無意識地啟動壓抑機制，隱藏自己的情感，將憤怒的情緒埋入內心深處。

不可預知的情況引起不安加劇

不分時地都無法控制怒氣的父母，常以為只要不承認自己生氣就沒事，但其實從他們的語氣和態度都看得出來，孩子久了會表現出慢性不安症狀。夫妻經常吵架的家庭也一樣，孩子因為不知道父母什麼時候會發火，所以時時都處於緊張不安的狀態中。

有的父母實際處罰孩子的次數不多，卻不時威脅要懲罰，讓孩子陷入隨時不知道會受到何種處罰的恐懼中。與其這樣還不如乾脆罰一罰，心裡反而輕鬆，否則隨著害怕不安的時間越長，孩子會承受更多壓力。

也許現在正看這本書的各位會說：「哎呦，做父母真不容易，連想生氣都不能好好生氣！」不過學習和掌握好好生氣的方法並不如想像中困難，這話可不是我說的，而是已經學會如何調節憤怒並實踐的父母們所說的心得。

KEY POINT

- 如果父母經常發火或吵架，孩子會隨時都處於緊張不安的狀態中。
- 在不安的狀態下，人很難集中於任何事情，不管是學習能力或人際關係都會受到影響，人生會變得消極。

撒謊成性孩子

當媽媽和孩子站在同一邊時，發生的奇蹟並非單純的奇蹟

美國心理學家蘇珊．大衛的著作《情緒靈敏力》中，提到小時候她曾有過說謊的習慣，以及父母在得知女兒會習慣性說謊後的反應。

蘇珊在八歲時，用從父母錢包裡偷來的錢買糖果回家，並謊稱是好心的朋友送給自己的，但父母很快就察覺到蘇珊做了什麼。對她父母來說，撒謊是絕對不容許的行為。

父母帶小蘇珊開車出去，然後在行駛的車裡認真談起這件事。父母對她說謊的行為感到非常失望，以平靜卻堅決的態度強調，我們家絕不容許偷竊和說謊的行為。

父母並未對說謊的蘇珊口出惡言，也沒有發脾氣，更沒有打人，而是特意把她單獨帶到外面，先體貼她的心情，免得感覺自己在其他手足面前出醜。

然後，父母要蘇珊自己想一想應該如何修正做錯的事。蘇珊並非被父母訓斥，而是父母站在自己這一邊，感覺到他們是在保護她、幫助她，讓她有勇氣反省自己的行為，從此不再說謊。

如果父母生氣、責罵，孩子只會感到害怕，為了避免遭到更多責罵而選擇說出更多謊言。然而，蘇珊的父母以平靜的態度先讓她安心，自然就不會再採取防禦性的態度，可以回頭看看自己的行為有什麼問題。於是她坦白說出一切，答應把偷來的錢全部還給父母，並向被她利用的朋友道歉。

我們可以從蘇珊的表白中找到重要的一點：蘇珊的父母也生氣，但他們採取的方式讓女兒不再採取防禦性態度，當然就沒必要再繼續說謊。各位覺得如何呢？如果你也像蘇珊的父母一樣，那麼就是相當有功力的父母，否則的話請一定要繼續讀這本書。

助長謊言的父母們

世界上沒有不說謊的孩子，畢竟連大人也撒謊，只是程度差異和用意的差別罷了。人活在這世上應該不可能連一次都沒有說過謊，不是嗎？

但這並不代表說謊沒關係。身為父母，當然應該讓孩子了解說謊是不好的行為，並在發現說謊時進行教導。不過如果是非故意的，只是一時之間的小謊言，父母卻視為極其嚴重的道德缺失，過度反應的話，反而會給孩子帶來強烈的副作用。

如果你的孩子比其他同儕更常說謊，希望你能先看看是不是自己創造了一個孩子不得不說謊的環境。如果孩子處於不得不說謊的環境，通常父母都是常常發脾氣或過度控制孩子的類型。

孩子對父母發怒感到恐懼時

父母一生氣，孩子們就感到害怕、恐懼，嚇得發抖。這種恐懼是本能的，孩子們會本能地防禦，想守護自己，連大人在生氣的人面前也會因為緊張和害怕而不自覺地採取防禦，更何況是小孩。

有人會找藉口或主張自己的合理性來進行防禦，也有人反過來攻擊對方作為防禦手段，說謊也是一種防禦機制，這時道德和倫理就先擺在一邊了。

如果父母在生氣的情況下繼續追問，孩子就會更加害怕，越害怕就會越來越難說出真相。孩子要麼說謊，要麼乾脆不說話，這都是為了生存而出於本能所進行的防禦。

很多父母會承諾：「你只要老實說我就不罵你。」但聽到孩子說出真相之後，還是會生氣、罵人。當初因為相信父母「坦白從寬」的保證，決定實話實說的孩子最終仍然挨了罵，學到的經驗就變成「日後只能反覆說謊了」，於是為了圓謊，只好不斷說出更多謊言。

父母過分限制

在第二章中也提到過，想要控制他人的心情與「憤怒」有關。生氣的人心裡有著「我是對的，你錯了」的前提，因為相信自己是對的，所以強迫別人順從，這就是控制。

我對孩子的控制慾也很強，他們所做的一切都希望能一一介入，要求按照我的意思去做，這也是我覺得最最對不起孩子的地方。

孩子長大後告訴我一個祕密，我聽了之後非常心痛和抱歉。孩子從小就愛吃泡麵，甚至到了早上也要吃的程度。我為了改變這樣的飲食習慣，有好長一段時間沒買泡麵放在家裡。

丈夫和孩子都抱怨說：「別人家都吃，為什麼就我們家不能吃泡麵？」但我仍堅持不讓步，因為我認為我的想法是正確的，別人都錯了，我要改正那些不服從我正確想法的人。

孩子向我坦白說，當時因為太想吃泡麵，所以有一段時間都瞞著我，偷偷在附近的便利商店買杯麵，在店裡泡來吃。有一天，他坐在便利商店的大玻璃窗前正吃得津津有味時，突然看到阿姨從玻璃窗前經過。

他當場嚇一大跳，連忙躲到桌子底下好一會兒，心裡一直擔心得不得了，害怕被阿姨看到，告訴我這件事，那麼一場暴風雨就會襲來，心裡甚至開始想要說什麼謊話才能避免媽媽的怒火。

如果阿姨看到了告訴我，我應該會很生氣，像對待犯人一樣審問孩子，孩子為了迴避那種狀況而說謊，那麼我又會對孩子爆發更多怒火。

我的過度控制導致孩子產生說謊的想法，讓他在每次買泡麵的時候，都會去想怎麼樣才能騙過媽媽，可見他心裡的壓力有多大。

一想到此，我對自己既埋怨又內疚，感覺心都碎了。一種難以言表的愧疚和自責湧上心頭，讓我苦悶了好長一段時間。

雙贏 V.S 雙輸

如果用處罰和鞭子進行控制，會造成孩子說更多謊來欺騙父母，一旦被發現，父母又會發更大的火，進行更嚴重的控制，而孩子的謊言也會變得越來越巧妙。

這樣的惡性循環反覆發生，最終會扭曲孩子的人格，與父母的關係也會變壞。這樣結果不是「雙贏」，而是「雙輸」，是令人非常惋惜的事情。蘇珊．大衛在《情緒靈敏力》中這樣寫道：

既沒有大喊大叫，也沒有使用助長恐怖常見的方法。（中略）如果兩人一邊生氣一邊大聲咆哮不停質問我：「知道錯了嗎？自己說有沒有錯？」或許我就會說出他們希望聽到的道歉，但就沒有機會好好檢視自己，了解最初究竟是什麼感覺激發我的偷竊行為。（中略）如果父母一知道我偷東西的事情就發脾氣並加以處罰的話，我可能就不會得到這樣的成長經驗。（中略）他們兩位站我的位置上，而不是把我硬拽到他們想要我待的位置，這種做法帶來很大的差異。

想改善孩子說謊的習慣，父母首先要做的不是當謊言暴露時大動肝火，應該用逆向思維站在孩子的立場上，努力理解情況，了解孩子為什麼那樣做。當然剛開始很不容易，但只要試著去做，就會看到孩子的變化，父母也會得到力量。

如果能這樣對孩子說：「原來你是因為怕被媽媽罵才說謊。我小時候也有這樣的經驗，所以能理解你的心情，不過希望你以後可以實話實說，那麼媽媽就比較不會生氣。」聽到這樣的話，孩子會有什麼樣心情和想法呢？

KEY POINT

- 如果孩子們經常重複說謊，在責怪孩子之前，請先找出他說謊的原因，才是更快、更容易改掉說謊習慣的方法。

● 擔心父母生氣而說謊的孩子，無法明確地表達自己的心情，所以父母可以先對孩子的情緒產生同理心，這樣就可以輕鬆進行對話。

為了討好父母而製造的「假我」

哪怕只有一次也希望做自己的孩子

善孝的故事是在「塑造好品性」專案曝光出來的，當時提到「請寫下最想做的事情」這個問題時，她這樣回答：

「我最想請爸爸媽媽答應讓我做想做的事，就算只有一次也沒關係。」

認真負責的老師看到善孝不同於其他同學的回答後嚇了一跳，尤其是這句話「就算只有一次也沒關係」一直懸在老師的心裡。

善孝是一個小學三年級的女孩子，掛著「聽話的乖孩子」的標籤，無論學校師長或左鄰右舍，都異口同聲地這麼稱讚。

善孝爸爸平時性格很爽快，和別人相處得很好，但是在家裡經常發火，生氣的時候很可怕；善孝媽媽個性內向，沉默寡言，從幾年前罹患憂鬱症，情況越來越嚴重，令人擔憂。善孝有個小三歲的弟弟，今年春天剛上小學。

善孝很聽父母的話，連沒有吩咐的事情也能主動做好，還會照顧弟弟。有時甚至會讓人覺得她真的才小學三年級嗎？在學校也很順從老師的話，其他同儕覺得麻煩的事自己也能做得很好。不僅如此，還很愛笑，對人親切和氣，因此所有人都稱讚善孝。鄰居阿姨甚至說真希望領養個像善孝一樣乖的孩子。

那次看到善孝的回答之後，老師找她談了好幾次，旁敲側擊地聊了很多，讓善孝卸下心防，慢慢談到自己。仔細了解之後，老師感受到善孝內心與平時不同的憂鬱、無力、固執等陌生的一面。

取代父母的大孩子

善孝是所謂的「親職化子女」。親職化的孩子通常被迫提早長大，在很多方面取代父母的職能。會形成親職化的原因很多，善孝的情況起源於容易生氣的爸爸和憂鬱症的媽媽。

爸爸通過生氣動怒來控制孩子，媽媽因為憂鬱症對凡事都沒有動力，無法好好履行妻子和媽媽的職能。善孝是個隨和的孩子，身為老大還有個弟弟，她的性別加上出生排行，很容易被「親職化」。

善孝爸爸非常討厭家裡沒有整理、沒有準時吃飯、孩子們不聽話愛吵鬧等，都會因此發脾氣。自從媽媽得了憂鬱症後，對家務就疏忽了，因此爸爸更常產生不滿的情緒。幾乎每天都不高興，一生氣就會大聲說話，也會出現激烈的舉動。

小善孝很害怕，不知道該怎麼辦，身心都很疲累，無論如何只希望爸爸少發點脾氣，然而看到媽媽無力的樣子，弟弟年紀又還小不懂事，專做些爸爸不喜歡的行為，簡直是火上加油。

善孝媽媽也是給她帶來負擔的存在，情緒起伏不定，對什麼都漠不關心，卻又會突然發脾氣或使性子，事後才又跟女兒說對不起，這樣的媽媽反而讓善孝覺得更可憐，更無力。

如果爸爸生氣的話媽媽會更累，因為弟弟一害怕就會去纏著生病的媽媽，讓她的狀況更嚴重。善孝覺得能幫助媽媽的人只有自己，而讓爸爸不生氣、解決各種狀況的人也只有自己。抱著「我要讓媽媽開心一點」的心態，善孝盡最大的努做家事、照顧弟弟，還要事事順著爸爸以免他又發脾氣。

看到這樣子的善孝，爸爸說：「我取的名字真是太好了，善良的孝子！你活出那個名字的價值啊！」媽媽也哽咽說：「有你在真是太好了。謝謝你，因為你媽媽才能活下去。」善孝聽到父母的話覺得很滿足，並決定要做得更好。

假我 V.S 真我

雖然善孝表面上看起來開朗、和善、像大人一樣懂事，但那都是「假我」，是讓父母和弟弟滿意的「假我」。

善孝的「真我」應該是向父母撒嬌、耍賴、受到寵愛的孩子，但她卻不能表現出那一面，讓人看了真是心疼，而在她心裡也會覺得遺憾和鬱悶。

但是對家人來說，他們需要這個「假我」勝過「真我」，而且當表現出「假我」時，可以得到父母和周圍其他人的認同和愛，讓善孝在無意識中從內心深處逐漸擴大「假我」。

在大人看來，孩子們看似天真無邪什麼都不懂，但實際上他們也有自己的煩惱，感到負擔沉重、有委屈、做某些事覺得吃力或是心裡很難受。善孝即使表達過痛苦、生氣、憂鬱，想必也沒有人真的在意過，而且如果表達出來，情況反而可能變得更糟，所以她在無意識中選擇迴避面對自己的感情，覺得這樣會舒服一點。

以「假我」示人的孩子內心充滿了壓抑的憤怒，總有一天會在不知不覺中爆發出來。但不幸的是，這樣的孩子很多可能根本就不知道自己的真實情感為何，不知不覺就過了一輩子。這是多令人傷心的事啊？

早熟孩子的隱情

以善孝的年紀應該是會無理取鬧、固執己見、吵著要做自己想做的事，但是她並沒有這些記憶。她為了家庭的平靜，選擇放棄自己的慾望，凡事以家人為優先。

孩子還不夠成熟，如果父母生氣了，會無法自行客觀判斷狀況的前後脈絡，所以常常單純地認為都是自己的錯才讓父母生氣，從而背上了枷鎖。

像善孝這樣，從小就被迫關注他人的生活或需求，會失去自我認知的機會。如果這樣的生活方式固定下來的話，長大後當她可以忠於自己的慾望或需求時，反而會覺得自私，變得容易放棄。

身為大人的父母可能認為自己只是單純地發脾氣，但對孩子來說，他們面對的狀況比大人想得複雜。為了順從生氣的人，孩子在尋找「真我」之前，「假我」

就已經站在前面了，成為「孩子該過得像個孩子」的障礙物。

以善孝為例，長期過著這樣的生活，她便無法察覺自己真正的感覺，在情感表達上會顯得比較遲鈍或像個沒有感情的人。明明是個孩子，卻活得像看透世事的高人一樣，就像人們說的早熟。

有時會聽到爸爸媽媽誇耀：「我的孩子小小年紀就很懂事，很聽話。」這不一定是好事。孩子只有活得像個孩子，才能成長為健康的大人。

KEY POINT

- 如果父母經常生氣和責罵，孩子為了自我保護和防禦，會變成看父母的眼色反應、討好父母，過著「假我」的生活。
- 孩子只有像小孩子一樣長大，才能成為心靈健康的成人。

莫名其妙被罪惡感折磨的孩子

媽媽，我有什麼不對的嗎？

上小學二年級的賢智時常會問：「媽媽，我做錯了什麼？」一兩次還不以為意，但總是反覆詢問，讓媽媽也覺得煩，有時會忍不住反問孩子：「你為什麼老是這樣？」次數多了讓媽媽很討厭再聽到那句話，所以對跟女兒說：「你沒有做錯任何事，不要再問了！」經常不自覺地動氣發怒。

陷入苦惱的賢智媽媽決定來到諮商室尋求專業協助。針對她的苦惱，放棄「媽媽的視角」，用「孩子的視角」來看事情是第一步。溯及既往，從她懷了賢智以後到現在經歷過的大小事件，一一重新站在孩子的角度上回顧。

賢智有個四歲的妹妹，媽媽是全職主婦，爸爸則自己做生意，媽媽有時會去店裡幫忙。原本住在鄉下的叔叔為了找工作，也暫住賢智家。因為這個緣故，老家的爺爺奶奶就經常帶著自己在鄉下種的農作物，到首爾賢智的家中。對賢智媽媽來說，公婆頻繁的造訪成了心理負擔。

媽媽表面上裝作沒事，內心卻一直不太高興。雖然向先生反應過，但他一點表示也沒有，只會說再忍一忍、等一等，如此消極的態度讓她更生氣。

在賢智看來，媽媽總是很強悍，不親切也不愛笑，有時好像覺得自己很煩，年幼的賢智無法理解媽媽為什麼這樣子，所以直覺地想從自己身上尋找理由。

父母經常動怒，孩子會產生罪惡感

很多年幼的孩子像賢智一樣，在父母生氣時認為是自己的錯，所以爸媽才會動怒。如果經常發生這種情況，孩子心中的罪惡感就會加重。事實上並非如此，而是因為父母的漠不關心和無知，才讓孩子產生無謂的罪惡感。

經常吵架或夫妻離婚家庭的孩子也很容易陷入罪惡感，他們會有「一定是因為我不聽話，所以爸爸媽媽才吵架」、「因為我不乖，所以爸爸媽媽才分開」這樣的想法。

我在首爾家事法院當諮詢委員的時候，見過很多這樣的孩子，還曾聽過一個孩子問道：「如果我認真用功，照顧好弟弟，變乖變聽話，那就可以和爸爸媽媽一起住嗎？」

不只委屈地承受不必要的罪惡感，更令人痛心的是，孩子相信只要自己變乖，分開的爸爸或媽媽就會回來，像以前一樣全家過著幸福的生活。當未能達到自己的期待時，從父母那裡感受到的背叛和委屈會演變成憤怒和憎恨。

賢智也像這些孩子一樣被罪惡感折磨。如果她鬧彆扭，媽媽就會發脾氣說：「我已經很累了，現在怎麼連你也這樣啊？」讓賢智認為：「媽媽是因為我才生氣的，我是個壞孩子，應該要改過。」

其實媽媽並不記得自己常常對孩子大發雷霆，但是很多時候，父母會不知不覺把心中的不滿發洩在孩子身上。孩子本是年幼需要被保護的對象，卻反而因為年幼力薄、不懂防禦而更容易成為發洩怒氣的對象。

小孩子的大腦還不夠發達，邏輯思維能力還不成熟，他只是感覺到什麼，就接受什麼。媽媽生氣了，孩子直覺是自己錯了卻不知道哪裡錯、該如何改正，所以才會一再詢問：「媽媽，我做錯了什麼？」

然而媽媽不了解孩子的心，真是很遺憾的一件事。

再回到賢智身上，深入了解後才發現還有其他原因加深了她的罪惡感。媽媽很少對妹妹發脾氣，這大大打擊了賢智的心。從媽媽的立場來看，妹妹年紀還小應該要多加照顧，但從賢智的角度來看，可能會覺得自己是「失寵的孩子」。

自己原本獨占了父母的寵愛和關心，但妹妹的出現帶走了他們的關愛，賢智正在經歷失落和傷心，卻又隨著母親經常生氣，讓她的罪惡感越來越深。如果賢智在旁邊，我會擁抱她並告訴她：「你是個很可愛的孩子。」

從媽媽的視角到孩子的視角

賢智媽媽明白了自己的養育方式是「以自我為中心」。三歲的孩子會怎麼感覺、六歲的孩子會怎麼接受、八歲的孩子會有什麼想法？很多大人幾乎都未曾考慮過孩子的立場與自己不同。

在諮商過後最大的改變就是學會從孩子的立場出發，讓思考的範圍擴大，試著去理解賢智的想法。理解了之後，看到她想得到愛又想幫媽媽忙的稚嫩樣子，不再覺得很煩而不想理她。只要換個角度理解，站在孩子的立場上關懷和關心，孩子就可以擺脫大人的消極影響，享受天真爛漫的幸福生活。

如果你的孩子也像賢智一樣背著莫名的罪惡感，常覺得自己是不是做錯了什麼，父母應該先給予關心，讓孩子感覺被認同，「看賢智的表情好像不太高興，是媽媽讓你心裡不舒服嗎？」若能加上溫暖的擁抱會更好。

接著，可以直接告訴孩子：「媽媽生氣並不是因為賢智做錯事。你沒有錯，不要擔心。媽媽是因為要去店裡工作，加上叔叔的事也要幫忙，事情太多、太累，一時覺得很煩才會這樣。」如此也能讓孩子理解自己的狀況。

或許讀者當中有夫妻離異的家庭，那麼希望可以告訴孩子，並不是因為他們不聽話或做錯事父母才分開，純粹是大人之間的問題；如果無意破鏡重圓，也要避免給孩子只要聽話、乖巧、守規矩就能回到從前的錯誤期待。給孩子製造無法實現的期待，藉此控制管教孩子，只會帶來傷害。

KEY POINT

- 因為孩子還無法客觀判斷情況或有條理地思考，所以常會認為父母生氣是自己的錯，而感到內疚。
- 對時常懷有莫名罪惡感的孩子，可以站在他們的立場說明情況，明白表示「不是你的錯」，並給予安慰或必要的道歉。

暴力父母底下的暴力孩子

Mini-me！該哭還是該笑

世元媽媽傳來了一段影片，主題是「Mini-me！該哭還是該笑？」影片中四歲的世元把玩偶放在面前，假裝生氣對它訓話，看起來就像縮小版的媽媽，讓我忍不住笑了出來。

「我有沒有說過不要拿這個，啊？」

他的語氣、聲音、用詞和手指的動作都像是媽媽的翻版。

類似的情況不僅是父母之間經常分享的小插曲，同時也是家長的煩惱，尤其看到孩子之間吵架、發脾氣的樣子，有時一瞬間會產生彷彿是自己對孩子發脾氣的既視感。看到孩子在不知不覺中，模仿了自己不理性的行為並表現出來，不禁感到擔心。

會擔心是必然的，但如果你是能好好生氣的媽媽、爸爸，其實不必太過緊張，反而可以藉機教導孩子如何控制脾氣，如何適當地表現，成為生活教育的一部分。正如我屢次強調，生氣本身不是錯誤，使用暴力、不當的方法生氣才會造成問題。

完全複製模仿大人暴力的孩子們

在這裡有個很好的實驗可以參考，史丹福大學心理學教授班杜拉透過「波波玩偶實驗」的結果，指出兒童的攻擊性或暴力性大多是經由觀察學習所引起的模仿。孩子們一定是先看到某人攻擊性的行為，在耳濡目染之下跟著模仿，無形中也成為具有攻擊性的人。

實驗中的「波波」是個橡膠玩偶，體型大約等同五、六歲左右的孩子，像不倒翁一樣推倒也能重新站起來。實驗分為兩個階段，另外還衍生出另一種版本，我在此簡單描述如下：

原始實驗的第一階段是先由大人用橡皮槌亂打波波玩偶，孩子們在旁邊觀看十分鐘，接著讓孩子到另一個房間和波波玩偶獨處，觀察發現孩子也會像大人一樣亂打波波玩偶。

四年後班杜拉教授進行了第二階段實驗。讓孩子們觀看毆打波波玩偶的影片，影片中的大人會對玩偶施以拳頭毆打、壓在地上狂扁等暴力攻擊性行為。

在這次實驗中，也出現了與第一次實驗相同的結果，而且觀看影片的孩子比在現場觀看的孩子更加暴力。

第二種版本的實驗，則增加了擴大攻擊性的內容。實驗分成三組，分別播放三種影片，第二組是警告成年人不可採取攻擊性行動，否則會遭到處罰；第二組的影片則稱讚暴力行為還獎勵攻擊者；第三組的影片則是對暴力行為不稱讚也不責備。

結果會怎麼樣呢？觀看第二組影片的孩子們攻擊性最高，觀看第一組攻擊者遭到處罰的影片的孩子攻擊性最低。

通過實驗結果可以看出，孩子僅僅只是觀察別人的行為，就可以受到很大的影響。可見在日常生活中，父母大大小小不理性狀態下的攻擊性行為，對孩子的影響有多大，換句話說，父母自身正確的行為教育是非常重要的。

波波玩偶實驗雖然始於很早以前，但影響力卻相當驚人。為此美國通過了限制暴力節目的「電視暴力法」（Television Violence Act），足見觀察學習會誘發孩子在暴力性、攻擊性方面的傾向。

孩子的攻擊性和暴力性始於父母

波波玩偶實驗之後，各種對暴力和觀察學習的相關研究也一直在進行。心理學家赫斯曼（Rowell Huesmann）以三百三十名兒童為對象，進行了長達二十七年的追蹤觀察。結果顯示，小時候無論是直接或間接，經常暴露在暴力場合中的孩子，長大後採取暴力行動的機率就越高。

孩子的暴力行為大多是在自身所經歷的特定情況下習得的結果。換句話說，在家中孩子看到父母發脾氣時表現出攻擊性的言詞或行動、語言暴力或物理、身體暴力，就會在不知不覺中模仿，做出同樣的行動。

就像俗語說的聚沙成塔，在日常生活中父母反覆出現攻擊性、以暴力方式生氣的樣貌，孩子都看在眼裡，久而久之就會耳濡目染、有樣學樣。孩子會變得像父母一樣容易生氣，同時以攻擊性、暴力的方式發洩。

當然也有性格原本就比較暴力的孩子，他們的意志更脆弱容易被影響，所以父母的身教就更為重要。

人一旦感覺安全受到威脅，就會本能地加以防禦。父母越是以暴力方式發洩怒氣，孩子就會越強烈地自我防禦。但是孩子的力量哪裡比得過父母？他們的抵抗無法向外發出，就會內化成憤怒，等到了青春期，認為自己在精神上和身體上已經可以和父母相抗衡了，就會毫不掩飾地將壓抑許久的怒氣表現出來，進入所謂的反抗期。

你的孩子怎麼樣呢？如果你認為要發火、罵人、打人，孩子才會聽話，那麼從現在起請改變你生氣的方式，應該以理智和人性化的方式讓孩子知道爸媽正在生氣，這樣孩子才能學習正確的態度，為與他人共存的幸福生活奠定基礎。

在學校裡常常生氣、大聲吼叫、罵人、拿東西亂扔、打人的孩子，長大後在社會上會成為不受歡迎的人。為人父母的基本角色，應該是要讓孩子學習與他人用正常方式溝通，順利融入社會生活中。

KEY POINT

- 孩子的暴力與攻擊傾向是從大人身上學習來的，尤其是受父母或老師等權威者的影響甚大。

● 如果曾用暴力的方式對孩子發怒，應該承認自己的行為不對，並向孩子表達歉意。父母真誠的告白和道歉遠比打罵方式更能發揮教育效果。

總是感到匱乏的孩子

媽媽，你是不是以為豬豬來了？

「嚄嚄！嚄嚄！媽媽，你是不是真的以為豬豬來了？」

吉妮緊緊挨著正在用抹布擦東西的媽媽問。

「是啊，你學豬叫聲學得好像，我還真以為豬豬來我們家了呢。」

吉妮滿足地笑著跑開，但是媽媽心裡並不愉快，這也難免，因為女兒一天會連續問十多次同樣的問題。剛開始她會和藹地回答，但是幾次重複，只會覺得這孩子真是太煩了。

像現在吉妮媽媽心裡其實很生氣，很想大叫：「對啦！我真的以為豬豬來了！你到底要問多少次？要我回答多少次才肯罷休啊？」

如果是以前，也許會這樣爆發出來也說不定。

但是不能這樣做，因為輔導老師叮囑不可以讓吉妮感覺被否定，於是媽媽強忍住怒火，正努力照著所學表現出反應。雖然不知道自己能忍受到什麼時候，或者會不會哪一天突然大爆發，但她還是決定專注於完成每一次的任務，先不去想以後會怎樣。

那麼稚嫩又感性的孩子怎麼會這麼固執呢？

吉妮是個喜歡肢體接觸、感情豐富、善於表達情緒的五歲女孩。唱歌的時候會突然哭，讀童話書的時候也會哭，但隨即又像什麼都沒有發生過一樣，馬上咯咯笑著玩耍。

但是另一方面，如此感性的吉妮非常固執，有著難以戰勝的牛脾氣，尤其在面對媽媽時更甚。不管怎麼哄、勸、威脅、訓斥，甚至說要打人都沒有用，她反而會變本加厲。小吉妮頑固地堅持著，身為大人的媽媽無技可施，只能自己生悶氣，真忍不住想大喊大叫。

然而，看到自己氣成這樣子，媽媽覺得更傷心，她無法理解一個小孩子哪來那麼硬的脾氣，吉妮對她來說就像無法解開的謎語一樣。

孩子是關係指向型，媽媽是目標指向型

吉妮是與人進行情感交流時會感到幸福的孩子，但是媽媽是目標導向的人，比起與人交流，當目標實現時更能感到幸福。因此看到不斷對自己提出要求回應的女兒，媽媽會感到疲憊，在不知不覺中，開始連一點瑣碎的小事也會對女兒產生厭煩和生氣，而吉妮因為總是無法滿足關係上的情感需求，而更加渴望媽媽的回應。

就算是坐著，吉妮也會緊緊地貼在媽媽身邊或不斷摸她的手。但媽媽不知道孩子為什麼老愛黏在自己身上，覺得不耐煩就會生氣地推開女兒。

媽媽對吉妮的反應大多是消極的，讓她覺得自己被媽媽拒絕，因此感到挫折和疏離。面對雖然近在身邊，卻無法給予情感滿足的媽媽，吉妮的心情就會透過「固執」的型態表現出來。

這天早上，吉妮一直說肚子好痛，不想去幼稚園，於是媽媽準備帶她去醫院檢查，這時坐在餐桌上的小吉妮突然說：「媽媽，你看這個！」拿了自己畫的豬給媽媽看。

「我教你豬怎麼叫，嚄嚄！嚄嚄！」吉妮的小嘴噘成圓形，裝出豬鼻子的模樣，非常可愛。

「天啊，嚇我一跳。我還真的以為有豬跑進我們家呢，你學得好像喔！」

媽媽依照輔導老師教的豎起大拇指肯定女兒。吉妮不再喊肚子痛，開始在紙上畫了小豬、媽媽豬、老師豬、淋雨豬等各式各樣的豬。

請裝滿匱乏空虛的罐子

吉妮為什麼會做出這樣的行為？她是個缺乏與父母積極互動的孩子，只要偶然看到媽媽表現出積極的反應，就會很開心。於是，渴望互動的吉妮會努力製造機會，希望能時常感受到那種幸福感。

這是她想填滿一直以來缺乏愛的罐子，而在無意識之下的表現。她渴望一個不責備、不生氣、不大吼大叫、不會不耐煩的媽媽；一個有著溫柔的表情和聲音，溫暖、和藹、親切說話的媽媽。這樣的渴望變成了固執，讓她成為對感情充滿不安全感的孩子。

媽媽就像是把手伸進吉妮心裡的大洞，又抽出來。

孩子渴望愛的行動、言語和表情在媽媽腦海裡閃過，想到自己每次都不予理會或給予生氣的反應，原來這都是造成孩子覺得匱乏的原因，對此她心裡只有抱歉。對於自己忘記吉妮只是個孩子，而以大人的角度來要求她感到抱歉；對於與自己性格不同的孩子理解不足，結果造成孩子如此大的痛苦而感到自責。一想到孩子長大後，如果知道了這一切不知會怎麼想，吉妮媽媽心裡一震，不停地流下眼淚。

不只吉妮，有很多孩子都渴望從父母那裡感受到溫暖的表達、關心、稱讚、安全感等。或許聽起來有點誇張，有的孩子會因為討厭總是在生氣和大吼大叫的父母，而產生「想跟親切和藹的幼稚園老師一起住」的念頭，試圖離家出走。

父母為了給予子女提供良好的生活而努力打拚，賺很多錢，因此沒有時間和心力陪伴孩子，造成孩子心理上的匱乏。為了彌補子女心理的匱乏，你用了多少心呢？因為看不見所以就隨便敷衍嗎？或是心裡只想著「等換大一點的房子之後再說」、「反正孩子現在什麼都不懂」而忽略孩子，這是不是在找藉口拖延呢？

希望父母們記住，小時候透過愛和尊重結下的深厚紐帶，是孩子長大後建立堅實、健康人格的重要基礎。

KEY POINT

●現代社會對孩子來說壞的環境太多了，因此至少在父母身上不能帶給孩子壞的影響。爸媽的表情、言語、行動，都可以讓孩子的心幸福，也可以讓孩子不幸。

第四章

事先做好準備，不要傷了孩子的心

理解並承認心中的怒氣

孩子打我、罵我，我也不會生氣

「請進，既然來了就順便諮商一下吧。」

太太幾乎是用強拉的，才把猶豫不決的先生拉進諮商室。先生在家裡對孩子的無限包容讓她看不下去，因為無論孩子做了什麼不對的事，爸爸都不會生氣。

那天我演講的主題是「感情」，太太可能早就打定主意，強行帶另一半來聽講。先生聽了演講，才第一次覺得自己的方式可能有問題。

他一直認為自己個性溫和，所以從來不會對孩子生氣。即使有時孩子對自己的態度很無禮，連周圍的人都看不下去，但他還是不生氣，反而是太太看了又急又氣。

例如幾天前全家人外出吃飯，先生要孩子吃海鮮，但孩子不想吃就開始吵鬧、發脾氣，最後還把海鮮扔到了他身上。當時他嚇了一跳，但仍沒有發怒，反而是太太生氣了，狠狠地罵了孩子。

根據太太的形容，類似狀況不勝枚舉。比方說孩子打爸爸的臉，甚至罵爸爸，先生都只是說：「不要這樣，這樣對爸爸不禮貌喔。」遇到一般人看了都會生氣的狀況，他也只是一點點不高興而已，從不嚴厲地訓斥孩子，導致孩子無禮的言行越來越嚴重。而總是扮黑臉的媽媽和孩子的關係也變壞，夫妻之間也因此產生了問題。

完全否定表達憤怒感情的父母，會培養出否定自己的孩子

這位先生在成長過程中，如果表現出負面情緒，就會受到雙親的管教，告誡說這樣是不對的，因此，「不該表現出負面情緒」的想法無形中一直束縛著他。

為了不被人發現自己生氣，所以每次怒火一升起就往心底深處推，隨著時間越來越久，對於自己的情緒、感受都變得遲鈍，最後連自己是否生氣都不知道。

不善於表現自己的內向性格也會造成影響。即使是在同樣的環境中成長，根

據孩子性格的不同，在遭遇問題時的反應也不同，因此父母應該要好好掌握孩子的性格。

再回到案例中的這位先生，經過諮商，我幫助他將兒時的記憶碎片拼湊起來，直視問題的根源，從被壓抑了近四十年的感情中解放出來後，他在感受、認知和表達感情上都變得輕鬆了一些。

這類無意識的想法太強，人若不了解就會被牽著鼻子走。但是，只要了解自己的實際情況，「無意識」會受到「意識」的掌握，影響力就會減少了。

讓孩子知道爸爸也會生氣，並且健康地表達自己的憤怒，那麼孩子不禮貌的行為就能逐漸改善，家庭氣氛自然也會改變。父母以一致的想法進行教養，可以對改正孩子的行為產生很大影響。

心裡的怒火無法向孩子表達

瑞英媽媽總是在嘆氣，她的家庭和諧沒有什麼煩惱，卻常常莫名其妙感到胸悶而想嘆氣。在經過諮商深談之後才釐清，那是「無法表達的怒火」。

她說，雖然知道自己內心很生氣，但是很難把怒氣在孩子面前表達出來。想用說的，但話就有如卡在喉嚨裡說不出來，不然就是只能像小孩一樣光顧著哭；有時氣得拿起藤條，卻又覺得這樣好像成了壞媽媽，只好放下，並若無其事念幾句就算了。「等孩子長大就會好了」這句話像洗腦一樣，讓她把自己合理化成一個好媽媽。

但這樣心裡會多鬱悶呢？人的心和身體是相連的，如果心裡不舒服，會反應在身體上；身體不舒服，心裡也會感到不適。瑞英媽媽就是心中壓抑的怒火堆積太多而感到鬱悶，於是身體才會不停嘆氣。

「好孩子症候群」引發的「好爸媽症候群」

瑞英媽媽小時候在家中未受到家人足夠的認同。因為姊姊的腿不方便，所以她要負責家裡所有的跑腿工作，還要代替開店的父母照顧姊姊，雖然難免會有不高興或抱怨，但如果表現出來就會覺得自己成了壞女兒、壞妹妹。

所以，瑞英媽媽學會了一生氣就立刻想別的事情轉移注意力。自己越是生氣就越努力對姊姊好，更聽從父母的話。雖然有時心裡會討厭姊姊，也會埋怨媽媽，但是她仍讓自己看起來沒有不高興，因為只有這樣做才能成為「善良的好孩子」。

長大後結了婚，在家族聚會的日子，常常只有她一個人在廚房忙進忙出，公婆親戚全在客廳裡聊天休息。雖然心裡隱隱有怒氣，但她還是沒有表現出來，因為瑞英媽媽認為就算生氣了，別說有人會同情自己，根本是連聽她訴苦的人都沒有。為了避免徒受傷害，所以她選擇迴避內心憤怒的情感，不表現出來。

承認埋藏在心底的憤怒

「就算我想生氣，內心也感覺不到憤怒。」

參與治癒項目的一位媽媽自豪地說。其他人聽了好羨慕，但其實這並不是件值得羨慕的事。

感覺不到憤怒的人，會是一個健康的人嗎？正常人都會有生氣的情緒，問題在於要用健康的方式表達。而想要健康地「生氣」，首先要承認「我」的心中有「憤怒」。

如果感覺不到怒氣，就要找出原因，探究自己內心深處是受什麼影響而感覺不到生氣的情緒，並解開這個結。身為自己的主人，我們應該與深藏在內心深處的自己分享不滿與憤怒，並好好安慰自己。

如果你也是明明生氣、不高興了，卻會表現得好像沒事的人，首先應該承認內心的憤怒，這樣才能從委屈中得到安慰。應該讓另一半或孩子們知道我生氣了，即使他們不理解也沒關係。人對他人的情感往往反應不夠細膩，因此如果期待別人能理解自己的心，反而很容易因為期望落空而更加生氣。

透過自己告訴自己心裡不愉快的方法是很有效的，例如對自己說：「現在的你很生氣，可是都沒有人知道，這樣是不是更生氣、更傷心呢？但是我知道，我們一起加油吧！」「這種情況下任何人都會生氣，所以你生氣並沒有錯。」

如果生氣時聽到別人說：「這麼一點小事你也生氣？」我們要立刻告訴內心的自己：「那件事對我來說並非小事，而是大事，是其他人不了解。沒關係，我自己知道就好。」透過這樣的方式給自己帶來安慰。

不要認為生氣就一定會變成壞人，不需要用這種觀念束縛、折磨自己甚至是自我苛責。每個人都會感到憤怒，而且應該表達出來，關鍵只在於適當地表達。也許今天用錯誤的方法生氣而感到抱歉，那麼明天就要提醒自己用更健康的方法來表達憤怒。

憤怒管理的心理訓練一

1. 我心裡有蓄積的憤怒嗎？如果有的話，主要在什麼時候會感受到呢？請具體寫出。

2. 這時候，你會期待「哪個人來為自己做些什麼」嗎？請具體寫出。

3. 以上內容請改用「自己對自己說話」的形式重新寫下來。

4. 在現實中發生以上情況時，在「自己對自己說話」後，寫下心裡的感受。

斬斷反覆生氣的循環

調節憤怒需要心理訓練

父母們心裡都希望「無論何時」、「總是」、「始終」不要發脾氣、不要傷害孩子，理性對待孩子。但決心常常只持續個兩三天，短的話甚至半天就又故態復萌，自己也覺得苦惱。

這種感覺相信很多人都感同身受，就像在遊樂園坐雲霄飛車，一旦出發就必須跑完全程，中途是不能下車的。只要在憤怒的輸送帶上轉過一次，下回就很容易又被拉進循環中，大家都有過這種經驗。

我前面已經屢次強調過，父母應該學習如何控制怒氣，「控制」的意思並非要強忍不發怒，而是要區別孰可忍孰不可忍，好好地、健康地生氣。

控制怒氣很難嗎？為什麼呢？那只是因為你沒學會調節怒氣的「思考功能」

的使用方法，很多人甚至一生都不曾使用過，自然也就沒有練習的機會。沒學過、沒練過，只好「病急亂投醫」，毫無章法地應對情緒。然而，只要學習過調節憤怒的方法並接受過訓練的人，大多能在生活中控制憤怒，不僅自己本身，就連周圍的人也不再感到痛苦。

也許有些人會說，有些情況或心理創傷真的讓人不得不發怒，就算想調節也心有餘力不足。當然，如果能先解決心理問題或改善情況固然最好，但若無法馬上解決或根本無法解決，那該怎麼辦？若因此就任憑怒氣爆發，傷害孩子的心靈，這是非常不負責任的行為。

發怒也需要肌肉

如果調節怒氣的能力增強，無疑可以更享受幸福的生活。有運動習慣的人因為經常使用肌肉，所以肌肉結實，能輕鬆抬起一些重的東西，但平時不運動、肌肉不發達的人往往手無縛雞之力——理由很簡單，因為平時不用，肌肉就會失去力量。

發怒也需要肌肉。透過持續使用調節情緒的肌肉，培養出調節怒氣的能力。

之前未曾使用或甚少活動的肌肉，剛開始用時會很吃力，也會出現失誤，但隨著持續活化，肌肉會變得更有力量，而且你也會越來越熟悉如何運用。如果因為太疲累而放棄，肌肉的力量很快就會減弱，最後完全無法控制自己，面對情緒就像動物面對光一樣，只會產生反射性的反應。

人類和所有生物一樣，具有維持穩定的傾向，習慣按照之前的方式、熟悉的模式行動，習慣成自然後就會自動執行，忽略思考。然而接受新事物需要適應，養成新的習慣是非常困難的，除了需要決心意志，也需要時間摸索熟悉。

切斷反覆的憤怒需要戰略

若想切斷反覆發火的循環，就要先找出容易引發憤怒的情況，也就是檢視自己發怒的模式，養成理性處理憤怒情緒的新習慣。尤其應該找出與孩子在一起時，自己什麼情況下最容易生氣，擁有明確的戰略和意志，才能成功達成目標。

還是認為很難嗎？如果覺得很難想放棄時，這裡有一劑效果很好的藥方。

當怒火上升時，請看看孩子的眼睛，當你看到那因恐懼和不安而顫抖的眼睛時，就會產生堅持下去的力量。接下來，我會分幾個階段說明戰略。

戰略一、生氣時要有自覺

在諮商室裡進行控制憤怒情緒的指導時，我都會請諮商者試著記下自己在發怒前有哪些徵兆，以及開始生氣時會出現的行動或感覺。

大部分的人會先感受到身體上的變化，像是胸口悶悶的、臉頰又熱又紅、心臟撲通撲通地跳、渾身發熱又發抖、眼前一片空白、頭暈目眩、脖子僵硬等等，還有非常多樣的身體症狀。

如果能事先知道自己生氣前的身體反應，那麼情緒一上來就可以立即警覺：「啊，臉熱熱燙燙的，原來我生氣了！」這種時候用力做個深呼吸吧。深呼吸是醫學界公認的最佳的鎮定方法。

學習意識到自身的憤怒，是訓練自己在很短時間內，透過瞬間思考的理性過程來調節憤怒的第一步。不要忘了，若沒有自覺，是絕對無法控制憤怒的。

戰略二、命令怒氣暫停一下

如果仔細觀察大發脾氣的人，不難發現人類特有的「理性」消失了，看起來就像任憑情緒、直覺行動的野獸，只要心裡感覺憤怒，就會做出憤怒的行為。

試著不要把「憤怒」和自己綁在一起，把怒氣當成與自己無關的獨立事物：雖然是在我心裡，但「你」並不是我，所以我命令「你」與我分開。也就是把憤怒想像成一個人，然後開口對他說：「憤怒，我命令你離開，一、二、三！」在說出口的瞬間，你便已經從怒氣的泥淖裡走出來了。

下次當你想生氣之前，盡快回想一下當時的想法，是覺得孩子不聽話、無視你，還是看到孩子什麼都不會做，在失望之餘感到氣憤？請在記憶蒸發之前，捉住引起怒氣的想法，才能好好化解。

戰略三、三秒鐘決定是要生火還是熄火

不過人一旦生氣了，可能馬上就忘了為什麼生氣。實際上很多前來諮商的人，帶著難以控制的憤怒情緒描述完情況之後，卻常常想不起來一開始到底為何而生氣。

「一、二、三」之後就要決定是要滅火還是讓火繼續燃燒。三秒鐘足以熄滅

火種，也可以讓火勢瞬間燃燒。這時我們要把握時間，問問自己：「這件事對我重不重要？」「發完脾氣之後結果是利還是弊？」

如果覺得是一件非常重要的事情，不能就此罷休，或者表達怒氣對事情發展有利，那麼要生氣也行。但是要記住，不能採取破壞性、攻擊性的方法，要讓對方感覺是「適當的生氣」。反之，如果事情並非那麼重要，或者生氣只會造成更壞的結果，那麼就不應該生氣。

自己做的選擇，結果也要由自己承擔。

戰略四、寫下孩子惹怒我的行為

這一階段是給自己一點時間稍微冷靜一下。假如孩子說要吃剛從鍋子裡拿出來的熱饅頭，你會怎麼做呢？哪怕只是幾秒鐘，應該也會用嘴吹一吹，讓熱饅頭稍微涼了再給出去吧，絕不會馬上把熱騰騰的饅頭一下就放進孩子嘴裡。

怒氣也一樣，爸媽心裡燃燒的怒火若直接向孩子發洩，孩子的心會受到嚴重的燙傷。所以一旦怒氣湧上心頭，先緩一緩，就像用嘴呼呼把熱饅頭吹涼一樣，哪怕只是一會兒，也要減緩怒氣。

在戰略三的過程中，如果思考過並非重要到非生氣不可，或是判斷生氣的結果會造成不利，那麼就要冷靜下來，尋找這憤怒的起源到底是自己，還是孩子。記錄是很有效的方法，寫下孩子的什麼行為會刺激自己產生怒氣，可能只是單純一個原因，也可能是好幾個理由集結在一起造成的，總之想到什麼就先寫下來，文字簡單粗略也沒關係。

也許有人會想：火氣正旺，哪裡還會想到要記錄下來？但是，大家真的會因為生氣而暈頭轉向嗎？真是因為這樣所以才對孩子發火的嗎？面對生活中的其他人也都這樣發脾氣嗎？

不，我們會忍耐，就算要發洩也會理性發洩，以證明自己可以控制憤怒，是個理性的人。既然如此，在家裡應該也可以在生氣前先記錄才對。

把生氣的心情以文字整理有很多好處，第一，在生氣的時候寫字有鎮定情緒的效果。第二，記錄的過程中會啟動理性，因為會邊想邊寫，可以幫助自己明確了解狀況。第三，寫字本身就有心理治療的效果。隨著記錄的過程，感覺心情似乎也慢慢平靜，原本一團混亂的怒氣也能整理出頭緒，了解孩子想要的是什麼，你想要的又是什麼。生氣的導火線或許是孩子的行為，但我們要找出更深層的原因才能有效控制。

如果手邊沒有筆記本或紙張，可以利用智慧型手機或平板電腦等 3C 產品。不過如何可以的話，最好還是隨時準備一本小冊子，提醒自己記錄，如此實行下來，對找出自己發怒的模式會有很大的幫助。

戰略五、想想能為孩子做什麼，並馬上實踐

戰略四的方法可以更合理地分析自己和孩子的立場。例如因為身體很疲累，孩子又偏偏在這個時候提出很多要求，所以讓你感到生氣。這時候可以簡單直接地向孩子說明你的情況：「媽媽今天在公司很忙，所以現在很累，希望你們可以幫助我，能夠自己做的事就試著做做看，其他的媽媽有空再幫你好嗎？謝謝。」

有時甚至可能不是孩子的問題。如果上班疲憊不堪的太太回到家之後，還得照應孩子的各種需求，先生卻只是袖手旁觀，她當然會覺得委屈、生氣。這種狀況就應該和先生一起解決，這才是為孩子們著想的方法。而不是把對另一半的埋怨，轉移到無辜的孩子身上發洩。

戰略六、如果什麼辦法都不行就逃跑吧

如果連對自己喊話讓怒氣暫停的命令也沒用，遇到什麼方法都派不上用場的情況，那就逃跑吧！不要回頭看，先從怒火中逃走，移動雙腿前往另一個空間，這是建立防禦——因為在之前那個地方，怒氣會支配自己，無法理性思考，所以乾脆移動到另一個與怒氣無關的地方來脫離情緒的支配。

從憤怒的現場或對象中脫離，至少要堅持十五秒、最長十五分鐘，就可以變得比較平靜。脫離憤怒十五秒，與怒氣相關的腦神經傳達物質之間的平衡就會發生改變，十五分鐘後，即使心理上還殘留一些情緒，但身體上的亢奮也已經消失了。

若無法完全脫離現場，那就在心理上創造新的空間，也就是把心思集中在與憤怒完全無關的想法中。可以想一想今天要做什麼事，在心裡列一張去超市的採購清單，或把棉被拿出去晒用力拍打，都可以轉移心情。

打掃也好、洗衣服也罷，都是簡單的好辦法。把不同顏色的衣服分開，一件一件放入洗衣機。要翻面洗的衣服細細地翻面，灰塵多的衣服先在窗外抖一抖，倒洗衣精時仔細量好用量……在做這些瑣事的過程中，時間慢慢流逝，你的大腦中也逐漸從憤怒模式轉回正常模式。

就像有時在戰場上以退為進會帶來更大的勝利一樣，這種做法並非逃避，先脫離現場有時比想像中更能控制火勢。

戰略七、給調節憤怒的自己一個獎勵

如果你真的在生氣時完成了以上的戰略，控制住自己的怒氣那就太了不起了！不求每一種戰略都做得很完美，但重要的是能堅持跑完全程，中間稍微休息一下也無妨，萬事起頭難，最困難的開始都已經完成了，接下來就有勇氣和信心繼續嘗試。

這時請給了不起的自己一個獎勵吧！孩子如果課業表現好，大人不是也會給個貼紙或文具小禮物嗎？我們對自己也可以那樣做。因為做得好得到獎勵，下次就有動力做得更好，以此激勵自己。

如果是看得見的獎勵效果會更好，例如在玻璃杯裡裝滿彈珠，每當控制情緒成功，就拿一顆出來放到另一個玻璃杯裡，當所有珠子都拿出來後，就去做一件自己喜歡的事，不需要很盛大隆重，就算是買個漂亮的小飾品也好，或是去喜歡的咖啡廳度過愉快的時光也很棒。

獎勵也包括可以對自己喊話。當完成一次成功控制情緒時對自己說「做得好，我很棒！」「意志這麼堅定真是太厲害了！」自我肯定會讓自己更有信心。即使有時無法控制怒火，出現失誤時，也要給自己鼓勵和支持：「這個情況確實很讓人生氣。沒有人每一次都做得很好，下次再注意一點就好。反省本身就代表進步啊。」

當我們的大腦在接收新事物時，有時比起一鼓作氣照單全收，用滴水穿石、一點一點持續操作的方法效果更好。就像運動不過量但是要長期保持，身體才會健康，我們的心理也適用同樣的原理。從小事開始累積吧，再瑣碎的小事也不要忘記經常做，無論是對你自己，還是對孩子們。

憤怒管理的心理訓練二

嘗試過以上的戰略了嗎?那麼針對成功和失敗的部分來進行分析和反省吧。

戰略一		
戰略二		
戰略三		
戰略四		
戰略五		
戰略六		
戰略七		
總評		

寫情感日記

我們心中有個裝情感的罐子

積水不流，久了會散發難聞的氣味，還會滋生蟲子，但流動的水不會腐臭。情感也一樣，生氣、煩躁、憂鬱等負面情緒無法散去，長期積壓在心裡就會成為心病。但神奇的是，只要有人能理解自己生氣或憂鬱的心情，給予認同，那些情緒很快就會流走。所以，負面情緒若能得到善意的對待，對人的成長來說也是一帖良藥。

相反地，如果生氣、憂鬱的情緒被忽視，或者在心裡使勁壓抑的話，負面情緒的力量會越來越大。就像彈簧，越用力壓，彈起的力道就越大。哪一天一旦觸發，就會成為具有龐大威力的龍捲風，徹底動搖我們的生活。

每個人心裡都有裝著負面情緒的罐子，有的罐子管理得很好，經常整理清空；有的卻從來不管，塞得滿滿的，有些人甚至從未意識到自己心中的罐子已經滿了。

把負面情感塞進罐子裡的理由很多，可能是因為從小就受到「生氣是不應該」的觀念，也有可能是因為曾經受過傷害。韓國社會長期受到儒家文化的影響，像「忍耐就是美德」、「小不忍則亂大謀」等價值觀深植人心也是一種可能性。

如果像生氣、煩躁、憂鬱、討厭、憎惡、悲傷等負面情緒塞滿了罐子會怎麼樣呢？我們會對再小的事情感到厭煩、稍微一碰就生氣、聽到一句毫無意義的話也會鬱悶不已。這都是因為罐子已經滿載，稍微有一點縫隙，情感就往外溢。

現實生活中雖然很平順沒有什麼不幸的事，但心中卻時時覺得痛苦、不幸福，那種氛圍會籠罩著我們，感染周圍的人，漸漸地旁人會離開，因為他們也感到很難受。

把情感的罐子空出來

情感的罐子需要不時清理，把裡面的東西清空，我們要隨時檢查，讓情感情流出才是健康的處理方式。雖然沒有人可以像教科書一樣，完美確實地處理自己的情感，但只要盡己所能地努力，心靈也會得到平靜，能達到這種程度已經很幸福了。

清理情感罐子的第一步，是要先了解主要感受到的負面情感是什麼。生氣時只是一味容忍、假裝什麼事都沒有是不行的，但一生氣就一發不可收拾也不好。生氣就發洩，或許情緒不會積在自己的罐子裡，卻會給別人的罐子注入負面情感。

如果意識到積壓在罐子裡的情感，就要承認並對自己產生同理心。「哎，張文惠，你剛才很生氣吧？激動到嘴唇都在抖，我了解你的心情，不要太難過。」「金恩靜，孩子總是愛搗亂很煩對吧？等他們長大一點情況就會比較好，不過現在真的很辛苦，我都了解。」

就像對他人產生同理心時一樣，我們也要對自己產生同理心，像前面說過的，可以對自己說話，帶著善意給予回應。絕不能指責自己說：「孩子們還小難免會這樣，就忍忍吧。這點小事都忍不住，也太遜了吧！」這樣反而只會加重悲慘和痛苦的感覺。

平時經常散步、欣賞音樂，定期進行冥想等，都有助於調節情感罐子的容量，放鬆我們的身心。雖然每個人需要的時間不同，但經過這個過程可以讓自己平靜，當心情變輕鬆時，就是罐子裡積累的負面情感流走的證據。

如果發現你的情感罐子已經滿了，現在就試試看吧。當負面情緒再升起，你的心就有餘裕從容面對，會發現原本累積的情緒也會融合在一起，最終化解。

「一石多鳥」的兵器：情感日記

我們的大腦即使忘記了事件，也不會忘記當時不舒服的感覺，而且會把感覺儲存起來。若不刻意介入，受過傷的情感就不會復原，因此心理治療的基本就是掏空。

想從情感罐子裡去除負面情緒，建議可以利用「情感日記」的方法。將自己緊緊壓抑、藏起來的情感挖出來，再進行治癒。不需要運用美麗的詞藻，也沒有必要顧及邏輯性，只要把自己的感受，詳實記下來就可以了。寫情感日記不僅有治癒的效果，還有很多好處。

開始以客觀角度看待事件

式描述。

在產生負面情緒的時候，或許會陷入當局者迷的處境。一旦開始記錄時，神奇的是我們總能跳脫出來，像看第三者的故事一樣客觀地看待事件。所以我在進行諮商時，會建議諮商者不妨把自己的故事當成電視劇，以第三人稱的方式描述。

發現自己生氣的模式

在記錄的過程中，可以看出在類似的情況下會產生相似的情緒模式，這時你就會了解「啊，原來我在這種時候會覺得很生氣」。若能了解自己生氣的模式，就能找到方法解決。下次可以提前做好心理準備，遭遇類似情況的時候就能有效應對。

清楚地找到憤怒的主體

這個意思是說，可以明確知道生氣的原因是在自己還是對方身上。比方說，從表面上看，媽媽似乎是因為先生或孩子的言行而生氣，但記錄之後，發現了自己隱藏的另一面，其實是把對自己的不滿，投射到家人身上。

情感比想像中容易消沉

雖然不容易，不過在生氣的時候暫停一下，進行記錄的效果最好，這等於是在火氣上升時中斷火勢，有助於憤怒的情緒平息。

另外，在書寫記錄時，因為會動腦筋思考，所以能量會集中到腦部，身體肌肉就會放鬆，心臟跳動也會恢復正常。生氣時隨著身體能量的消耗，往往一下子就會感到無力，變得疲憊不堪。事實上，經常發怒會對心臟和大腦會產生不良影響，這在醫學上早已得到證實。

對孩子們來說也是很好的生活教育

孩子會透過觀察他人情感表達行為，進行模仿和成長。當看到父母為了控制怒氣所做的努力及成果，自然而然會學著做。希望為人父母的各位都能成為可以好好生氣的好爸媽，成為孩子的最佳身教榜樣。

憤怒管理的心理訓練三

調節情感罐子的容量是控制怒氣很重要的工作之一。以下讓我們參考例示，記錄下自己的情感日記。

	日期	狀況	情感和理由	強度	解決
舉例	5／3（四）	雖然要做的事情很多，但是孩子們要求做這個做那個，他們之間還會吵架。但是老公卻只會看電視。電視聲、孩子們的吵鬧聲，整個屋子都震耳欲聾，我好想離開這裡。	怒（針對所有事） 委屈（老公是國王？我是女傭？） 憂鬱（感覺自己像在孤島）	非常強烈 強 一點點	雖然對不聽話的孩子感到生氣，但似乎對老公更加生氣。這個家難道只有媽媽，沒有爸爸嗎？當老公的一點幫助都沒有，連爸爸的責任都不管了嗎？但是想想，他在外面工作也很累，有什麼不開心也不會說出來，要是我找他吵，情況會更糟吧？講他也不是，不講也不是，所以才會這麼鬱悶。話說回來，我好像無緣無故把氣出在孩子身上，對他們真是抱歉。

2	1

在哺乳腦和人智腦中選擇

你知道這多少錢嗎？

「喂，成敏宇！你現在在幹什麼？我有沒有說過不要摸那個？」

媽媽高分貝的聲音穿過客廳，迅速抵達孩子的耳朵。敏宇瞬間愣住了，望著媽媽，他手上拿著她新買的口紅，地上的玩具車每個輪子都塗滿了口紅。

「我真會被你氣死，怪不得這麼安靜！」

媽媽奔向孩子，那模樣就像衝鋒陷陣的軍人一樣，一臉嚴肅咬牙切齒地說：

「你知道這個要多少錢嗎？」

本來想一手奪下孩子手上的口紅，卻先舉起手猛地打了他的後背，接下來的場面不用說也能想像得到，因為透過這種方式發火的媽媽並不少見。

根據大腦的功能，反應和行動會不同

想生氣又不想傷害孩子，但是很多人像敏宇媽媽一樣，一生氣就會做出反射性動作。我們可以根據大腦的三個功能，來分析生氣或與他人起爭執時的反應及行為。

爬蟲腦：生命之腦

人的大腦有三層，最內層的腦由腦幹和小腦組成，腦幹掌管身體本能的活動和肌肉，如果傷到這部分身體就動不了了，因此又稱為「生命之腦」。

偶爾在紀錄片中看到鱷魚生氣或感受到生命威脅時，會用力搖動尾巴或動下巴，這是為了保命的本能反射動作。人的腦幹進行身體反應也是類似的狀況，例如生氣時臉上肌肉抽動，緊握拳頭，有人會全身顫抖或咬牙切齒。這些都是我們在不知不覺中的反射動作，所以這部分的腦被稱「爬蟲腦」。

哺乳腦：情感之腦

圍繞在爬蟲腦外的第二層稱為邊緣系統，主管感情、情緒等，所以被稱為「情感之腦」，這也是只有哺乳類動物才有的原始情感。

小狗一看到主人，就會搖尾巴靠近，用舌頭舔臉或手表示喜悅；老虎一亢奮就會咆哮，還有包括人在內的許多哺乳類動物感到恐懼時，會哭叫或哀號等。我們表達情感的反應來自邊緣系統，這在爬蟲類身上沒有，又稱為「哺乳腦」。

人智腦：理智之腦

最外面的大腦是大腦新皮質層，這是唯獨人類才有的進化的證明，因此被稱為「人智腦」。人類能夠擁有其他動物無法做到的高度精神功能和創造活動，全靠大腦的新皮質層。所以人類才能成為萬物之靈，可以凌駕於其他生物之上。除了人類以外，其他動物都無法執行說話、寫作、計劃、預測、創造、理解、評價、統合等高層次功能。

得益於「理智之腦」的新皮質層，人類可以擁有理性思考和行動，因此有能力以客觀角度觀察和評價自己的行為。

「人智腦」與「哺乳腦」的競爭

既然已經理解了大腦的三種功能和人類行為，那麼現在就應用到我們「生氣」的時候。生氣時如果未透過「理智腦」（人智腦）思考，只使用「情感的大腦」（哺乳腦）的行為，被稱為「情感反射性行動」。

就像路過的行人逗弄野狗，狗突然一邊吠叫一邊跑過來咬人一樣。狗沒有理性的大腦思考「如果我咬這個人會發生什麼事情？」或是「我現在為什麼想咬這個人？」等。只會單純地使用感情的大腦、生命的大腦，反射性地按照感情和肌肉的引導行動。

美國心理諮詢學家漢瑞克斯（Harville Hendrix）博士將爬蟲腦和哺乳腦稱為「反應的大腦」（reactive brain）。因為它們沒有「思考」的功能，所以只能本能地、衝動做出用身體反射、感情反射的行動。

人智腦則被稱為「思考的大腦」（reflective brain）。因為我們對於現在發生了什麼事情，以及現在發生了什麼事情，具有「停下來思考的功能」。人類有最進化的大腦，因此與其他動物過著不同的生活。

像人一樣過？還是像小狗一樣過？

你發脾氣的時候，用哪個腦多呢？在前面看到的敏宇媽媽，發脾氣時主要使用哪個大腦反應呢？當她看到孩子將口紅全塗在玩具車輪子上時，身體先做出反應，生氣的同時情緒反射，一邊吼叫一邊跑過去搶東西、打孩子的背。這樣的行為和狗一生氣就本能地吼叫著跑來咬人有什麼區別？

問她為什麼那樣做，她說：「當時太生氣了，什麼都沒想。」沒錯，當下思考的大腦沒有啟動，只有反應的大腦被啟動，雖然是人類，但與鱷魚、狗、老虎一樣，對子女做出身體和情緒的直接反應，可見人一旦生氣，人智腦、理智之腦就會失蹤。

如果敏宇媽媽在動怒的那一瞬間，能啟動理智之大腦，哪怕時間很短，情況也會發生改變，或許在身體瞬間反應發怒的情況下，即使跑向孩子，也不會發生對孩子怒視打背的動作，而是會先思考「他從哪裡拿到的口紅？我放哪裡了？是不是隨便放在孩子伸手就拿得到的地方？」「孩子不知道那口紅有多貴才拿來玩吧？」這些念頭即使只是像風一樣從腦中吹過，也會讓情況不同。

大腦用得越多越發達

也許有人會問：「都已經火冒三丈了，怎麼還想得到那些？」我以前也這麼認為，但是現在對我來說，那就跟「因為辛苦又麻煩，所以不想努力」是一樣的邏輯。「我想怎麼樣就怎麼樣，就算孩子受到一點傷害也會很快就忘記。我也是這樣長大的，沒關係。」這種想法是不負責任的。

怎麼會沒關係呢？對孩子做出那種反應，正是證明了自己對這件事「很在意」。如果孩子犯了錯，第一時間不該先生氣，應該給予適當的教導，重點是「適當的」，生氣時很難進行適當的教導，這點請大家一定要記住。

我們的大腦越用會越發達，不用就會退步。所以每次感到生氣的時候，就要努力使用思考的大腦。一點一滴的努力累積下來，不知不覺間就會發掘出那個能夠在生氣時，使用「人智腦」的「人性化」的自己。

孩子對父母來說都是無比珍貴的存在，希望能以「為了孩子沒有什麼做不到」的用心努力，多運用「思考的大腦」。

憤怒管理的心理訓練四

1. 火冒三丈的時候，我是爬蟲腦媽媽、哺乳腦媽媽、還是人智腦媽媽？

2. 寫出在什麼情況中會成為以下的媽媽。

● 爬蟲腦媽媽的情況

● 哺乳腦媽媽的情況

● 人智腦媽媽的情況

3. 成為使用人智腦的理性母親會感到困難嗎？如果會，是什麼樣的困難？請具體寫下來。

● 性格問題

● 環境上的問題

4. 請寫下為了成為使用人智腦（理智之腦）的母親，可以向周圍的人尋求什麼樣的幫助。

預先防備「食人魚時段」

媽媽已經疲憊不堪了

下班時間，走出公司後，先打電話確認大寶是否安全到家。從地鐵站下車，去超市買完晚餐食材，便趕到幼稚園接小寶一起走回家，因為孩子走得慢，怕耽誤到晚餐時間，乾脆背起小寶快步走。

回到家兩個孩子又興奮地一起玩，鬧哄哄地讓人暈頭轉向，還時不時跑到自己面前嘰嘰喳喳，要媽媽拿這個弄那個。但是媽媽沒有時間回應，身心都很忙碌疲累，因為必須趕快做晚飯。

媽媽已經累壞了。原本玩得很開心的孩子開始吵架、哭鬧，又跑到跟前互相告狀。回頭一看，客廳裡堆滿了下班回來還沒整理的雜物和孩子們亂放的玩具。這時心裡隱隱約約好像有什麼湧上來，頭也感覺熱脹脹的。電話鈴聲響起，老公說快到家了，肚子好餓要馬上吃飯。

「啊，壓力真的好大！我快煩死了！」真想這樣大喊，眼淚差點就流出來了。我想職業婦女應該都有類似的經驗吧，如果你看了也有同感，那請特別看看接下來的部分。

可怕的食人魚等著吞噬你

如同「雪上加霜」這句話，令人氣憤的事情會接連發生。或許日後回想起來，也不是什麼值得生氣的事情，但在當下即使受到微小的刺激或壓力，也會讓憤怒爆發。

為什麼會這樣呢？人都會有一個易怒時段，在這個時間特別容易生氣，但偏偏這個時段不好的事就特別多。

以繪本《你很特別》而廣為人知的作家陸可鐸牧師，將這種時段稱為「食人魚時段」。食人魚攻擊性強、粗暴，一旦被其咬住就無法逃脫，面對任何獵物都能瞬間啃食到只剩下骨頭。這就跟一旦生氣，就會毫不留情地把對方甚至周圍都夷為平地的情況非常相似。

主婦們容易生氣或無法控制情緒的「食人魚時段」通常在早晨或晚上，尤其職業婦女更是如此。身體只有一個，但是要做的事情很多，時間不夠，而這兩個時段通常是最忙亂、最敏感、最容易發火的，一旦心中的怒火開始往上冒，就會一發不可收拾。

預先防備食人魚時段

一般人生氣時除了強忍或發洩之外，似乎沒有其他解決憤怒的方法。但是，如果稍微改變一下視角，就會發現解決憤怒的方法出乎意料地多，也有很簡單就做得到的方法。

其中之一就是掌握自己的「食人魚時段」，對於經常反覆出現的狀態事先想好預防措施。換句話說，就是為了減少生氣或不要生氣而準備好對策。

把工作分散開，有效利用時間

食人魚時段觸發怒氣的狀況大部分是反覆的、可預見的狀況，因此提前採取應對措施並非難事。

從前面舉的例子來看，那位媽媽的食人魚時段必定是晚餐時間，那麼可以提前準備的措施有哪些呢？為了下班後不要那麼忙亂，在這裡提出可能的兩個方法。

首先，晚餐材料可以在白天提前購買，或者利用網路超市訂購，下班後就不用急急忙忙去超市。另一個對策是可以讓孩子就讀住家附近的幼稚園，縮短通勤時間，這樣連早上的時間也能省下來。

如果住家附近沒有合適的幼稚園，可以和先生一起尋找解決的方法。例如兩個人輪流接送孩子，或者比較早下班的人就去接孩子，這是最實際的做法，現在已經有很多家長這樣分工了。

具體計劃共同分擔家務和育兒

對於雙薪家庭來說，如果先生也一起分擔家務會有很大的幫助，這是很重要的一件事。過去曾遇到一對夫妻，太太抱怨累得受不了，但先生卻無法理解。當時，我建議他們以一個星期為限，彼此「角色互換」試試看。

於是在家裡，太太照先生平常的樣子回家就休息，先生則是按照太太平常的行程，下班回家還要操持家務，一個星期過後他們再回來諮商，先生說不想再扮演太太的角色，實在太累了。當然，在經歷過角色互換之後，他對太太的態度已經不一樣，變得更體貼。

在我年輕的時候，經常聽到職業婦女在家務和育兒兩頭燒之下，出現超過負荷的狀況。與其說先生對太太缺乏關愛，不如說是因為對家務和育兒事務的煩雜程度認知不足。無論是過去還是現在，大部分情況下，「媽媽」在家務和育兒方面所承擔的量都很大，有智慧地管理時間才是從根本上減少生氣的基礎。

各位的「食人魚時段」是什麼時候？容易被觸發怒火的是什麼？和另一半一起面對面，好好想一想吧。如果考慮可行就要實踐，這樣才能改善生活品質，擁有幸福的家庭生活。

下一頁特別留了空間給各位寫出想法，鼓起勇氣將想法付諸實踐，那麼生氣的次數會減少，強度也會明顯減弱，原本的「食人魚時段」會成為愉快和諧的時段。

憤怒管理的心理訓練五

1. 寫下你的食人魚時段。

2. 在你的食人魚時段裡有哪些事要做？

3. 請具體寫出分散工作或得到幫助的方法。

在與子女的「愛的存摺」中增加餘額

夫妻諮商即是親子諮商

美國著名心理學家高特曼（John Gottman）提出的實用性夫妻心理諮詢理論中，也有很多適用於親子的好方法，在我過去經手的個案中，得到的反饋和結果都很正面。

無論是夫妻還是親子，都是人與人的關係，如果父母自覺到平常很容易生氣的話，接下來所講的內容請一定要在生活中實踐，相信不久就會看到孩子顯著的變化。

建立與和子女共有的「愛的存摺」

先建立一個孩子和爸媽共有的存摺吧，但不是存錢的存摺，是「愛的存摺」，包含家長和孩子之間所有情感，裡面存的是快樂、歡愉、輕鬆、幸福、自信、自豪、歡喜、滿足、充實等積極感情，也有憤怒、傷心、埋怨、鬱悶、討厭、煩躁、憂鬱、挫折、喪失、絕望等負面情緒。

積極性多，存摺的餘額就多；反之消極性情感多，餘額就會變少。存摺裡的餘額有時會很豐厚，有時也會逐漸變少，甚至幾乎見底。我們的目標是讓親子之間產生更多的積極感情，最大限度地增加餘額。

如果平時爸媽和子女之間累積很多友善、積極的情感和信賴，即使孩子受到傷害或爸媽感到失望，因為已經有了彼此喜歡和信任的前提，所以很容易解決問題；反之，如果親子之間平時積壓了許多不滿和不悅，對彼此有很多看不順眼或煩躁的負面情緒，那麼即使是一件小事也會留下很大的傷口。

在這種情況下，即使有和解的想法，但若沒有實踐的能量就會感到窒礙難行。就像沒有本錢要怎麼做生意呢？如果平常在愛的存摺上認真儲蓄，當遇到這樣的危機時，就有足夠的能量可以運用。

增加存摺餘額的方法隱藏在瑣碎的日常中

父母們常開玩笑說，孩子小時候帶來的喜悅和幸福，是為了讓自己能夠忍受未來艱難的青春期。但是，幸福的童年越來越短，儲備的能量也越來越少。從七歲、五歲、到現在所謂的「三歲貓狗嫌」，所以不只有小時候，必須一直持續到孩子長大都要在愛的存摺上不斷積累餘額，才能順利度過日後可能遇到的狀況。

如何在愛的存摺中增加餘額呢？其實方法不難也不是超級特別，都是從日常生活中的小地方就可以做到，但可別以為那一點一滴的效果不大，只要開始，就能真正體會到「聚沙成塔」的威力。

方法一：和孩子一對一約會

如果不只一個孩子，可以安排個別與媽媽或爸爸一對一約會的時間。每個孩子的個性都不一樣，優點和缺點也不同，我們可以提前詢問孩子或一起安排行程，讓他們有參與感。根據孩子的喜好和性向安排，例如花一兩個小時聽他們說故事的「聊天約會」，或是去吃孩子喜歡的食物「美食約會」，都是很棒的做法。

約會當天，不受其他兄弟姊妹的干擾，可以「獨占」爸爸媽媽，想像一下孩子會有多開心。雖然需要事先把其他孩子安頓好，可能會有些麻煩，但不足以跟孩子好好約會所得到的收穫相提並論。社區鄰居的爸爸媽媽們可以互相支援照顧，家中其他孩子也會因為期待自己和爸媽的約會而願意配合。

方法二：成為親切和藹的父母

遇到和藹可親的人，我們的心情都會自然而然變好，孩子也跟大人有一樣的感覺。透過爸媽親切和藹的言行，孩子會感受到愛和尊重，提高自信心。如果面對的是冷淡木訥的爸媽，孩子自然心裡也會感到不愉快。年紀小的時候因為見過的人不多，對那種情緒似懂非懂，但隨著年紀漸長接觸的人多了之後，就會知道那些都是負面情感。

我們家老大小學時，有次老師出了個作業，將小朋友分組，用一個月的時間，由小組成員互相進行家庭調查。孩子為了這個有趣的作業和同學通電話，看起來心情很好，掛上電話還輕鬆地哼著歌，然後對我說：

「媽媽，每次去芝英家都很開心，因為芝英媽媽人很好，在她面前做什麼都很自在。光聽聲音就覺得心情很好，見到她更開心，其他同學也很喜歡去芝英家，還說要住在那裡不回家了呢！」

芝英媽媽說話帶有慶尚道口音，聽起來很愉快柔和，圓圓的臉龐看起來和藹親切，我也覺得她是個自然不做作的人。「原來孩子們的感覺也像大人一樣啊。」我突然有一種當頭棒喝的感覺，同時也對孩子感到抱歉。

和孩子互動時親密一點、有點肉麻又怎麼樣呢？覺得害羞又有什麼關係？如果我親切和藹能讓自己的寶貝感覺幸福，那還有什麼理由不做呢？這既不是給別人添麻煩的行為，也不用花什麼錢，孩子的幸福就取決於我的心。如果習慣以和藹親切待人，不僅孩子會感到幸福，連自己也會覺得幸福。並非要大家過度假裝，而是只要盡自己所能，然後再努力一下就好。現在就先放下書，對著鏡子，放鬆臉部表情，嘴角稍微往上抬一下。如果孩子在你身邊，現在就轉過頭看著孩子說：「親愛的智秀，媽媽愛你～」「親愛的孩子，爸爸愛你～」

方法三：多進行肢體接觸

「考考大家，有一件事是孩子們非常喜歡的，如果做得不夠，孩子就無法好好長大，甚至將來會危害到生命，因為這件事可以降低孩子的攻擊性和暴力性，讓他們成長為追求和平的大人。童年也經歷過這件事並感到滿足的人，在成為父母之後，也會為自己的孩子做這件事。這件事可以幫助減低壓力荷爾蒙、提高大腦的靈活性，比說話更能帶來十倍的安慰，讓做的人和接受的人都感到幸福。這件事做起來一點也不難，更不用花錢，就算常常做也不會消耗掉、不會覺得煩膩。這是人與人之間最溫暖的禮物。」

以上是韓國大邱韓醫大學教授金相浩（音譯）在部落格上的文章。知道答案是什麼嗎？就是肢體接觸。有無數相關研究和實驗、論文，都證明肢體接觸的效果基本上是良好的。

另外也有實驗是針對孩子在傷心或生氣時，分別以言語和肢體接觸給予安慰的比較。美國邁阿密大學醫學院教授菲爾德（Tiffany Field）博士就一直致力研究肢體接觸對人類的重要性。

其中一項實驗，是以處於悲傷狀態的孩子為對象，嘗試分別以六十種語言安慰及肢體接觸安慰進行實驗，結果發現，語言安慰中只有三種對撫慰孩子的心靈有實際效果；反之肢體接觸中有五十三種方式達到實際安慰的作用。

行。

雖然肢體接觸越多越好，但要注意的是，不能在孩子不願意的狀態下強制進行。「不願意的時候不要做」是肢體接觸的重要原則之一，再好的方法都比不上尊重和體諒孩子的意願來得重要。

方法四：多給予同理心

同理心幾乎是所有育兒書籍中非常強調的一點，也是人與人的關係中最基本、重要的項目之一。同理心可以解釋為「心靈的接觸」，就像肢體接觸一樣，對他人的情感像親身感受一般。小時候獲得很多同理的孩子，長大之後也能對別人產生同理心、理解與體諒。同理心是比ＩＱ更重要的ＥＱ的基石。

方法五：不過分介入孩子的生活

從嬰兒成長到幼兒，孩子會逐漸產生想自己動手做的念頭。例如要自己吃飯，明明掉出來的比吃進嘴裡的還多，卻還是緊抓著湯匙堅持繼續吃；自己要穿鞋卻左右不分，媽媽看到想幫忙重新穿鞋，孩子卻哭著不肯，類似的狀況在生活中並不陌生。

其實從孩子小時候就應該給予符合年齡的選擇權和自主權，藉此培養孩子的自我主導力。隨著年齡增長，比起父母的干涉和控制，更應該尊重孩子的自主性。如果凡事都要干涉介入，孩子長大後就成了爸寶、媽寶，凡事都要問爸媽才能決定，因為他未曾得到自己解決問題的機會，最終成為沒有主見的人。

據新加坡國立大學進行的一項實驗顯示，父母對孩子的事參與干預頻率過高，孩子的抑鬱程度也會相對提高。其他研究也發現，孩子經常壓抑，憤怒累積在心裡，很容易產生自我批評的思維。明明是孩子可以自主的事，父母卻偏要加以管制，自然會給孩子帶來心理上的副作用。

一直在孩子身邊盤旋的直升機家長、盲目為孩子剷除一切阻礙的割草機家長、抱著孩子不放的袋鼠媽媽，不都是這種類型的父母嗎？關心、熱情和時間反而都用在錯誤的方向，真是太愚蠢了。在韓國社會這類型的媽媽特別多，以為過分干涉、保護和介入就是愛孩子，這是錯誤的想法。

所謂過猶不及，事情做得太過分就等於沒做一樣。在養育孩子的路上，要保持適當的距離和界限並不容易，想找到適當方法最好的途徑，就是先從尊重孩子的心開始。

憤怒管理的心理訓練六

思考一下如何增加與子女之間的愛的存摺的餘額，並根據每個孩子的特質單獨列出具體計劃。

- 老大

- 老二

● 老三

● 老四

第五章

如果實在
控制不了怒火

最簡單的同理心對話法：回聲對話法

所有孩子都喜歡同理心

生養第一個孩子的過程中，想必有很多人生的第一次。尤其是孩子雖然出生不久，卻已經開始會學大人的模樣，真是太神奇了！我微笑時跟著笑、我皺眉時跟著皺，我張開嘴發出聲音，孩子也跟著把嘴張得大大的，咿咿呀呀地發出聲音。就連現在想到當時孩子可愛的樣子，我的嘴角也會不自覺浮現笑容。

孩子之所以會模仿爸媽，是因為大腦中的「鏡像神經元」。鏡像神經元會讓人只要看到對方的行動，就會產生彷彿自己也親自行動一樣的感覺，會在不知不覺中模仿那個行動。

不僅是行動，能感受別人的情感也是鏡像神經元的功勞。當看到別人感受某種情感時，會刺激我們的鏡像神經元，產生神經共鳴。

光是觀察別人的行動就會自然而然地跟著做，別人心中的情感就像自己的情感一樣有相同感受，人的身體和心靈真是神妙莫測。

「同理心」一詞源自「移情」的德文「einfühlung」，這是由ein（移入）和fühlung（情感）組成的合成詞，即「移入情感」的意思，像是將對方的情感移入到自己心中一樣，是一種心理現象。

確立移情概念的德國心理學家李蒲斯（Theodor Lipps）表示若想了解他人的心，只要以模仿對方的心態去努力就可以了，這就是「同理心」，同理心是我們與他人關係中，相互理解的最根本要素。

無論是性格乖僻的孩子、溫順的孩子，還是具攻擊型的孩子、迴避型的孩子，都希望父母能對自己有「同理心」。無關年齡，不管是年幼的嬰兒、青少年，還是已經長大成人，只要是為人子女，最喜歡父母的反應也是「同理心」，所有人都希望得到「同理心」。

同理心的對話，看似簡單，但很多人做不到

同理心就像到中藥行抓藥，裡頭都會有一味甘草，同理心也出現在所有的育

兒書中，但在現實生活中，最難做到的也是同理心。雖然肉眼看不到情感，但行動是會立即看到的，所以父母會先針對行動做出反應，也就因此很容易錯過表現同理心的時機。所以，我建議父母應該要培養自己的同理心。

如果你是一個眼睛看到孩子的行動就會立即反應的人，就訓練自己放慢反應的速度，先試著觀察孩子內心的感覺。即使剛開始會不太順利，但也不要放棄，堅持下去熟練後就會成為有能力產生同理心的人。

對於性格上很難與他人產生同理心，或是習慣以自我為中心的人來說，更需要努力和練習，但是爸媽們不太喜歡練習，雖然都會推說很忙，不過實際上主要還是嫌麻煩和疲倦。

有的媽媽會抱怨孩子不練習鋼琴，實力沒有提升，繳的學費都浪費了；有人說學校體育課要考跳繩，帶孩子出去練習卻又懶得動，而責罵他們不認真。你是哪一種呢？

依樣畫葫蘆也能恢復關係的魔法回聲對話法

小時候到鄉下爺爺家，我第一次聽到回聲，當時覺得很神奇又有點可怕，很奇幻的感覺，我一喊「呀呼！」圍繞在周圍的山就像輪唱一樣，同樣的「呀呼」此起彼落。

「回聲對話法」就是像回聲一樣模仿對話，而且是只要付出努力，相對效果最好的「同理心」對話法。只要照著孩子說的話說、跟著做出孩子說話時的表情就行。如果做不出同樣的表情也沒關係，抓到感覺就好了，就這麼簡單。

假設孩子說：「媽媽，電話的聲音太吵了！」表現出不耐煩的樣子，媽媽可以附和說：「媽媽的電話聲太吵了，很煩是吧？」

如果說「電話本來就比較大聲啊！」或是「哎喲，你怎麼那樣講？」就像是在責怪孩子，而非同理心的表現，接下來要再進行溝通會變得困難，希望孩子修正行為的期待也會更遠了。

正如前面多次強調過的，只有建立在共識、尊重和信賴基礎上的教導，才能讓孩子改正且不會受到傷害。

孩子表達負面情緒時，回聲對話的效果更大

回聲對話在一般情況下都可以進行，不過有人會覺得媽媽心情不好、孩子不

聽話時用回聲對話法並不好，因為基本上不認同孩子說的話，自然就不想給予回應。但其實回聲對話效果最好的時機，就是在孩子表現出負面情緒時，例如生氣、悲傷、不開心、鬧彆扭等，這時候產生同理心的效果最大。

站在鏡子前，鏡子會原原本本反映出我的樣子，因為鏡子不會判斷，只會照本宣科，當然也無法改變我。就像鏡子不會讓醜陋的臉變漂亮一樣，媽媽只要照著聽到的回應，先不要對孩子的行為做任何判斷，就像照出真實面貌的鏡子一樣，模仿對方的話和表情的反應就是「鏡射」（mirroring）。

回聲對話法用在進入青春期的十幾歲青少年身上，也有顯著的效果。這個時期的孩子對別人的批評特別敏感，運用回聲對話法，沒有說教、判斷和斥責，純粹順著孩子說話的內容回應，可以讓孩子感覺到同理心，認為得到理解，心中就不會對媽媽產生抗拒感。

媽媽不加入自己的立場思考或曲解孩子的意思，對孩子來說有種可以繼續對話的安全感。而從媽媽的立場來看，附和的過程中可以確認自己聽清楚孩子表達的意思，進而減少誤會的產生。

活用回聲對話法的變化

從基本的回聲對話法稍微做一些改變，就可以根據情況靈活地進行自然的對話。即使只是像「啊」、「喔」這樣的感嘆詞，隨著不同的語調，感覺也會完全不同。

下面列舉一些例子，根據不同情況，同一句話有不一樣的表現方式。若一時不知道如何變化，可以先從「喔，原來如此～」開始，不管孩子說什麼只要回說「喔，原來如此」或「原來是這樣啊」，孩子就能感覺被認同。

回聲對話法的種類

對話形式	說明
「因為～所以覺得～」	「因為媽媽的電話聲音太大，妨礙到你了，所以才覺得很煩啊。」
「因為～好像讓你～」	「因為媽媽聲音太大，好像讓你覺得很煩喔。」
「看起來好像～」	「夏英看起來好像很煩。」
「看起來好像～，是嗎？」	「夏英看起來好像很煩，是嗎？」

不過，回聲對話法因為相當簡單，所以還是會有副作用。例如腦子裡充滿了想法，孩子很認真地表達，媽媽卻好像「沒有靈魂」地一味回應「原來如此」、「原來是這樣啊」，會讓孩子覺得媽媽根本就漠不關心。千萬不要以為有回應就好，有心無心其實孩子都知道。

現在我們對孩子所做的一切，都將影響孩子的人格，決定孩子未來的人生，還有什麼比這更珍貴呢？以同理心的對話擁抱孩子的心靈，比給他昂貴的玩具、送他上名師補習班，或是在各種競賽中得到獎狀獎盃都要珍貴。現在你決定好在哪裡多用點心了嗎？

KEY POINT

- 與同理心形影不離的是「真誠」。任何再好的對話方式如何缺乏真誠，孩子很快就會知道那是「沒有靈魂的話」。
- 即使再忙再累，當孩子想跟你對話時，請看著他的眼睛，把耳朵和心都集中到孩子身上。做好這一點，將來後悔就會少很多。

避免普及化的指責

避免跟媽媽交流的孩子

小英是中學二年級的平凡少女，幾個月前開始，突然與媽媽之間只進行日常形式化的對話，而且只說必須的話，不傳簡訊也不用通訊軟體溝通，真正有重要事情的時候，就寫在便條紙上，但也僅是兩三行文字。

小英的理由是如果和媽媽說話，沒講幾句就會生氣，會有壓力，所以寧願用紙條轉達自己想說的話，這樣就可以避免吵架。當問到她有沒有想過媽媽的心情會怎麼樣時，她回答說：「以前我們兩個人只要一開口就會吵架，彼此心情都不好，但是現在沒有那種事了，媽媽應該也覺得比較好吧。」

因為媽媽生氣的時候，連最起碼的對話都沒了，所以才讓小英在心裡高喊「絕對要避免和媽媽有更多的交流」，外表裝出一副若無其事的樣子。聽到她的故事連我都覺得難受，身為當事人的這對母女心裡不知有多麼鬱悶和痛苦啊。

媽媽不懂不滿和指責的差異

我請小英寫下媽媽說過最難聽的話，如下所示：

- 你哪一次有聽我的話了？
- 光是看你不會念書我就一肚子氣，你就是那種不學好的孩子。
- 我做的一切都是為你好啊！
- 你要是有你妹妹的一半就好了。
- 你要是那樣乾脆就不要做了。

看了那些內容，小英媽媽表示不知道自己做錯了什麼，她認為一切都是事實，坦率地表達不滿有什麼不對嗎？其實，她並非只是表達不滿，而是把不滿直接化為指責，傾注到孩子身上。

不滿和指責有何不同？不滿單純是一種心境，因為對某種事物的不滿足；指責就比較複雜，如果遇到令人不滿的行為，通常不會只針對行為進行否定，而是會把其他事全兜在一起，全面否定對方，這就是指責。指責會強化說話者和被指責者雙方的負面情緒。

光是針對不滿的行為進行批評，聽起來雖然心情也不好，但基本上還可以接受，所謂對事不對人，至少是理性的就事論事。但是如果從不滿轉化為指責，感覺就是針對做了那個行為的「人」，對方為了保護自己，也會本能進行防禦。所以才會發生爭吵、生氣、彼此否定。

訴說不滿的時候也要尊重人格

小英媽媽把對某一種行為的不滿，擴大成對所有的行為，進而攻擊小英的人格，認為她就是那種程度不高的孩子。比方說，媽媽從「小英功課不好」這單一事件，直接延伸到「她其他事也做不好」，否定了小英本身。

從小英的立場來看，覺得自己也常聽媽媽的話，也很努力想要好好表現，但媽媽一生氣就說自己「從來沒有」、「絕對沒有」、「總是」，讓她既委屈又氣憤，才會覺得和媽媽講話只會越講越悶、越講越氣。

在對事件或行為表達不滿時應該盡量克制情緒，不要偏離主題，明確說出自己的想法。若是東拉西扯、嘮嘮叨叨越講越多，到最後焦點模糊了，只會使關係惡化。

還有一件事不該做，就是翻舊帳，這也是親子對話中孩子最討厭的內容。過去的事已經告一段落，現在就只將焦點放在當下發生的事上面，不要從「單一事件」擴及到對「人」的指責，要以尊重孩子的心態進行對談。孩子再小也有人格和自尊心，大人若是無視或殘忍地踩踏只會帶來反效果。

比指責更可怕的是輕蔑的態度

還有一種比指責更可怕的對話方式，就是輕蔑的態度，像是說「我做的比你更棒」、「我會的比你還多」、「我可是你媽媽（爸爸）啊」等，帶著優越感貶低孩子的話語。

輕蔑的態度比指責更容易出現在親子對話中，因為父母原本就處在優勢，在倫理上具有權威，但不能成為只重視威權性的父母。心理不健康的父母會以「小小年紀竟然敢對父母沒大沒小」等言行要求孩子無條件屈從，展現自己的權威性，卻對孩子造成傷害。

除了利用權威性，輕蔑的態度還包括任意叫喊孩子討厭的綽號。父母當然不會為讓孩子痛苦而故意取綽號，大多是基於可愛或逗弄的心情，覺得沒有什麼大不了的。然而，對孩子來說有時隨口取的綽號會造成一輩子的心理傷害，所以即使是開玩笑也不能故意叫孩子討厭的綽號。

我小時候的綽號也留下了心痛的傷口。當時住在附近的舅舅經常來我家，每次來的時候都不叫我的名字而叫我「小黑」。因為小時候常常和朋友跑出去外面玩，大家都晒黑了，但也許是我的膚色原本就比較黑，晒黑了更明顯。

即使我對父母發脾氣哭訴說我不喜歡被叫小黑，但他們也只是安慰我說：「舅舅是說你可愛啊，為什麼這樣呢？」我想要的不是安慰，而是希望父母阻止舅舅那樣叫我，但是他們不懂我的心。更讓人生氣的是，父母和舅舅反而覺得氣哭的我更可愛，不把我的憤怒當一回事。

這雖然已經是小學時期的事，但當時的感覺到現在仍然很鮮明。我是真的很生氣，委屈地哭了，但是大人們卻無視我的感覺，甚至覺得有趣，笑著繼續逗弄我。我感到無力、沮喪、絕望。而且，當時在我們社區有隻流浪狗大家也叫牠「小黑」，看起來雖然好像不是什麼大不了的事，但在不知不覺中刺激了我的羞恥心，讓我感到自卑。

後來從朋友那裡道聽塗說，我甚至還自己偷偷到藥房買了藥膏回家敷臉。長大後回想起來，藥膏裡面似乎含有類固醇，對身體不是很好。但即使如此，我還是想擺脫「小黑」這個綽號。

雖然大人們以客觀的角度看整個情況，會認為只不過是小事而已，但對年幼的孩子卻是很大的傷害。當孩子感到生氣，哭著表示不願意時，如果父母可以正視孩子的感覺，站在他們的立場上感受一下他們的心情該有多好？只要小小的關懷就能讓孩子感覺幸福，但很多父母卻忽視孩子心裡的感受。

我想起了很久以前某個中秋節的記憶。一次在滿載的電梯裡，一個父親撫摸著女兒圓圓的臉笑著說：「因為中秋節到了吧，看來這裡也升起滿月了。」

小女孩甩開爸爸的手，把臉埋進媽媽的裙子，哽咽地說：「媽媽，爸爸又那樣了啦。」

電梯裡的人都努力忍住笑。現在那個孩子應該已經二十多歲了，不知道討厭的綽號跟了她多久。

KEY POINT

- 如果父母經常使用「你到底」、「你每次」、「總是」、「從來不」、「你從來沒有」、「你竟敢」這類的話，就應該檢討自己是否會輕蔑地指責孩子。
- 孩子不喜歡的綽號就不該再用。自己可以做的選擇卻被別人強制決定時，孩子就會感到無力和挫折。

說話並非為了造成傷害，而是為了治癒

媽媽生氣時的錯覺

很多媽媽生氣時，會說出造成孩子心理創傷的話。有些是因為不懂如何調節憤怒情緒，但有些是基於希望子女未來更好的迫切心情，而故意說一些激烈的話，算是一種激將法。

也許是希望孩子聽了那些話會說：「聽媽媽這樣講，看來我真的錯了。」然後自我反省並改過向善，但這種期待通常不會成真。因為激動的情緒會直接滲透到孩子身上，造成孩子聽到的不是教導，而是媽媽針對自己錯誤的大力指責，結果不僅沒有反省，反而感到冤枉、羞恥、受辱，自尊心受損，更加憤怒並反抗，結果和媽媽的期待完全不同。

「如果再繼續說謊，你就會成為騙子，以後被抓進監獄裡關」、「你做事總

是這副德性，沒有辦法做好是不是」、「你就是光說不練啦」、「生下你真是個錯誤」、「真擔心你長大不知會變成什麼德性」、「你到底能夠做什麼啊」類似這樣惡毒的話，真不知還有多少。

我並不是不能認同大家的心情，但是無論多麼生氣，還是有不能說出口的話。孩子年紀越小，越會受到父母言語的影響。他們就像海綿一樣，吸收父母說的話，再內化成自己的東西。

因為孩子們還無法進行客觀判斷，對話語中的真實性為何沒有辨別力，所以如果從小就經常受到家長以侮辱的話語指責、謾罵和發脾氣，孩子會覺得自己真的就是父母口中的那個樣子。這樣的想法會深深印在腦海中，支配他長大後的行為。

如果你的孩子得了重病你會怎麼辦？一定會到處尋找名醫，懇求醫生救救孩子。但是，孩子的心生了重病卻漠不關心，因為這是眼睛看不見，而且並非馬上就能看出來的病症，是很可怕的陷阱。

自證預言的巨大力量

父母說出的侮辱性言語，對孩子的人生會產生可怕的影響。父母的話就像魔法一樣，套上了「自證預言」這個無法擺脫的枷鎖。

美國著名社會學家默頓（Robert Merton）所提出的「自證預言」概念，是指人們先入為主的判斷，無論正確與否，都會影響到人們的行為，以至於這個判斷最後真的實現。

「自證預言」在親子教養方面提示出了非常重要的一點：如果自證預言朝積極的方向發展，就會取得無比好的結果；反之，如果往消極的方向發展，則會致命地毀掉整個人生。

積極的自證預言：畢馬龍效應

積極的自證預言，可以舉「畢馬龍效應」（Pygmalion effect）為例。畢馬龍是古希臘的一位國王，他將心目中理想完美的女性形象雕刻在石頭上，自己深深地愛上雕像。

後來掌管愛與美的女神阿芙蘿黛蒂賦予石像生命。於是，畢馬龍與理想的女性結婚，過著幸福快樂的日子。後人引伸為只要強烈而持續地相信，最終期待的事便能實現，這就是畢馬龍效應。

哈佛大學社會心理學教授羅森塔爾（Robert Rosenthal）博士的實驗證明了畢馬龍效應。他告訴教師一個假訊息，說有一群特殊的孩子擁有良好的潛質，成績會突飛猛進，老師相信這些學生會考得好成績，並抱著這樣的期待用心教學，結果他們果然都得到好成績。老師的期待和信任讓孩子們朝向滿足預期的方向行動，因此也被稱為「教師期待效應」。

如果換成「父母期待效應」，那麼對孩子會有什麼影響？即使不加以說明，大家腦海中應該也想像得到。或許孩子現在看起來不夠成熟懂事，但只要帶著對他的期待和信任，給予積極的支持與回應，相信你的孩子也能成為畢馬龍效應的證明。

消極的自證預言：烙印效應

至於說到消極的自證預言，用「烙印效應」（Stigma effect）說明就很容易理解。烙印效應是指對某人先入為主，抱持偏見或負面評價，即使那不是事實，那個人也會朝著滿足負面評價的方向行動，最終成為那樣的人。例如，「那個人沒有能力」、「那個人是撒謊精」、「那個人脾氣很壞」、「那個人沒救了」這些批評，會像烙印銘刻在那個人心裡，讓他認定自己具有那些負面特質，不知不覺中，他就會照著負面的印象行動。

如果你是會對子女抱持否定態度，並時常以言語批評打擊孩子，那麼就應該反省一下。「言語就像一把雙面刃」，大人的一句話可以救了孩子，也可以毀了孩子。

對孩子的情感產生同理心，就能產生治癒效果

如果實在會因為無法控制情緒而說出不好聽的話，這時就不要猶豫，立刻避開到孩子看不見的地方。可以暫時去另一個房間獨處，或到廚房打開冰箱先喝杯冰水、飲料也好，只要十五秒的時間，從激烈的感情中抽離，我們的大腦就能從發怒模式轉變為平靜模式。

冷靜一下整理好思緒，再回到孩子身邊，重新開始對話。不是單方面訓斥孩

子或叨念，而是要給予同理心進行溝通。「弟弟一直吵你，所以你生氣了是不是？媽媽知道你的感受。」像這樣先讓孩子知道媽媽理解他的心，只要得知媽媽不是自己的敵人時，就能得到安全感。

只有在父母對自己的情感產生同理心時，孩子才能聽進父母的話，心甘情願地接受，這就是同理心的力量。透過同理心安撫孩子，孩子心中的委屈和悲傷、憤怒都能得到抒解。

父母對孩子說的話，可以種下好的種子，也可以種下壞的種子。種子結出果實是不變的真理，種瓜得瓜，種豆得豆，當你看到果實而失望的時候請不要責怪孩子，先自我反省並改變對孩子的用詞和態度。思考一下，現在你種的是什麼樣的種子呢？

KEY POINT

- 相信「以說重話帶給孩子衝擊，他們就會反省並改過向善」的想法是錯覺。
- 消極的自證預言是給孩子背上毀掉人生的炸彈。將來炸彈爆炸後，父母才會對自己的所作所為感到後悔、自責、痛苦，但為時已晚。

適當地踩剎車，必要時退一步

不只汽車，與子女的關係也需要感情的剎車

記得第一次握方向盤時是什麼感覺嗎？往前開固然可怕，但要在適當的時間踩剎車和向後倒車更是困難吧。

我想起在練習道路駕駛時，自己瑟瑟發抖，駕訓班的教練先踩了好幾下剎車，然後對我說：「這是開車時最重要的事情，如果沒踩好可能會送命。」剎車非常重要，教練再三強調。

如果剎車失靈，會怎麼樣呢？如果無法倒車會怎麼樣呢？因為剎車和倒車功能正常，所以才能每天安全地開車，人也一樣，在相處的過程中，也需要有剎車或倒車等功能，才能過幸福的生活。

爆發的怒火若無法停止，人的與人之間的關係會變成怎麼樣？特別是對需要

保護和照顧的孩子，如果媽媽動不動就發脾氣，而且無法控制、平息，會有什麼樣的後果呢？

讓我們想像一下裝滿行李正要開下坡的卡車。如果剎車失靈，就無法減速和停止，最終只有等撞到建築物或牆壁才能停下來，過程中還可能發生撞傷人、撞毀建築物、車上載的物品翻倒等事故。卡車上裝載的行李越多，下坡的坡度越大，發生事故的嚴重性就更大。

人也是一樣，一個習慣發脾氣的人很難止住怒火，往往要等到因為怒氣而造成衝擊性的大事件，經歷了悲慘的後果，才會恢復理性，平息怒火。

無法控制脾氣的媽媽對孩子發火、打罵、扔東西，可能要等看到地板都是碎片，孩子嚇得大哭，這時才會驚覺：「我現在在做什麼？」然後恢復到正常狀態，並看著因害怕而哭泣的孩子，感到後悔與自責。但是為時已晚，因為孩子已經受到了很多傷害。

止住怒火的重要裝置：「和解企圖」與「道歉」

當我們生氣時，身體的血液流動就會發生變化。由於大腦和荷爾蒙的作用，血液會集中到身體的大肌肉上，身體會變得結實，而通往大腦的血液會減少，所以思考能力就會比較弱。

換句話說，生氣時生理部分會變得更活躍，聲音變大，身體有力，動作也會比較粗暴，而大腦的活動會受到限制，因此很難做出理性思考或判斷。

通過「和解企圖」來踩剎車

心理學家高特曼博士表示，夫妻若在吵架的過程中就試圖和解，效果會比吵完架之後才尋求和解要好。這被稱為「和解企圖」（repair attempts），也算一種剎車的作用。

和解企圖用在親子關係上也很受用。生氣的過程中會有片刻猶豫，即使是一瞬間，也是大腦運轉思考的時候，所以不要錯過這個能止住怒火的時機。和解企圖並不是要容忍孩子錯誤的行為，而是從情況上承認孩子的立場，讓雙方之間達到停火的效果。

「媽媽現在很生氣，休息一會兒再說吧。」「媽媽知道你也有很多話想對媽我說，對不對？」「你說的並不是全部，不過媽媽也覺得有一部分是對的。」這樣有意識地承認孩子的立場，釋出試圖和解的善意。當你把話說出口的瞬間，理性也開始啟動了。

透過道歉後退一步

倒車比踩剎車需要更多的勇氣，原本往前跑的汽車要先停住，才能往後退。道歉就像倒車，並不是說孩子做錯事了大人不能予以訓斥，而是要針對「自己以發火來處理這件事」表示道歉。

「媽媽不是故意生氣的，很抱歉發了那麼大的脾氣。」「其實應該可以不用生氣，好好跟你講，不好意思發了脾氣。」「仔細想想不是值得那麼氣的事，但還是忍不住發脾氣，對不起。」無論孩子是不是做錯了，若是媽媽以不理性的態度發脾氣的話，還是應該先跟孩子道歉。

也許有人會問，都快氣死了還有辦法做到嗎?當然做得到，只要不是患有嚴重精神障礙的人都可以做得到。

社會關係中，沒有人會因為發怒過後就完全消氣，要根據情況調節怒氣並尋求和解，但即便如此，也不能對隨便對待孩子。

向孩子道歉或許會感到自尊心受傷或不好意思，但實際上這不是傷害自尊或需要感到丟臉的狀況，反而是一件勇敢、足以自豪的事。如此一來，孩子也能從父母身上學習到寶貴的東西，比起千言萬語，這是最優秀的身教。

看著孩子的眼，就能止住心中的火

一位患有憤怒調節障礙的母親來到諮詢室，哭著說自己的孩子太可憐了，如果有兄弟姊妹就好了，但因為是獨生子，每當她一生氣，孩子的心就無處可以寄託，實在很可憐。這位媽媽是一旦生氣，就會理智斷線的類型，所以即使想停止發脾氣也停不下來。如果想找到並治癒隱藏在她心底造成生氣的原因，需要很長時間，但一想到那可憐孩子又無法慢慢等待，我必須找出能止住她怒火的有效方法。

那時有個想法在腦中一閃而過，就是刺激媽媽特有的「身為母親的本能」。保護脆弱幼小的孩子是母性最基本的本能，這個就能幫助抑止怒火。要激起這種本能爆發的方法，就是在生氣時看著孩子的雙眼。

我給她一項作業，在氣到失去理性之前看看孩子的雙眼。過沒幾天收到她的簡訊，說自己終於做到了，一看到孩子的眼睛就覺得好心疼，立刻抱著寶貝哭了起來，原本滿腔怒火也瞬間消失了。

當父母生氣，大聲叫喊、罵人、打人的時候，孩子的眼睛裡有什麼呢？眼睛是心靈的窗戶，孩子的雙眼裡充滿害怕，因為害怕不安而不知道到底該把視線放在哪裡，兩顆眼珠子不知所措地轉動，或因為噙滿淚水而看不清眼睛。光是想到這些不覺得心疼嗎？

我們是媽媽，擁有比世界上任何東西都要強大的母性。如果無法控制而發脾氣時，請趕緊看看孩子的眼睛，那是控制憤怒最有效的剎車。當然這和開車一樣，需要學習和訓練。

KEY POINT

- 在充滿怒火的路上，是選擇繼續發火、將火滅了，還是道歉？這完全是當事人的選擇。瞬間的選擇反覆出現之後，就會成為習慣。為了養成習慣，不要害怕發生失誤，要不斷練習。

有時不一定要做反應

如果正在吃的藥沒有效果，就要換別的藥

你什麼時候最容易對子女發脾氣？如果經常在相似的情況下發脾氣，但孩子也沒有什麼改變，這可能表示「發脾氣」變成你的習慣了。

如果生氣過後孩子也沒有改變，就應該重新思考「生氣」這件事，需要謀求新的對策，改變生氣的方式，或是盡量控制不要發火，尋找全新的想法，否則你可能會成為生氣的上癮者。

如果衣服上的髒汙用肥皂怎麼洗也洗不掉，我們會去找更有效東西來解決，例如用強力去汙劑或將衣服用沸水煮滾去汙。

教導孩子也一樣，如果不管怎麼生氣，孩子也沒有改變的話，就要找其他方法。不過，很多父母還是習慣繼續發怒，不找其他替代的對策，這是為什麼呢？

因為已經養成習慣了，人都喜歡熟悉的東西，因為熟悉而感到安心、舒適，卻在不自覺中像被牽引一般，時常發脾氣。

生氣又生氣，總是以同樣的方式生氣，久而久之就會變成習慣，更嚴重的話會不自覺成為「生氣上癮者」。習慣性地發怒代表在發生狀況時，我們大腦的思考功能無法啟動，而是反射性地發洩情緒。

當孩子固執、耍賴、鬧脾氣時，父母常常進退兩難，雖然不停重複安撫、訓斥、發怒的循環，但是情況依然沒有改善。如此時間一久，父母就會感到疲憊，乾脆跳過安撫的程序，只要孩子一鬧就發火。

最後孩子哭了，爸媽心裡也不好過，這狀況沒有結束，同樣的結局反覆發生，最終成為固定模式，破壞親子關係和教養的目的。

遇到無理取鬧，與其「強烈生氣」，不如「冷漠以對」

造成這種不良的模式，是孩子們不聽話，固執地無理取鬧，父母說什麼都行不通的時候。這種時候要爸媽冷靜、理性地說服孩子真的很難，因為小孩蠻橫行為會刺激大人，同時情緒也會傳染，孩子的負面情緒會傳到爸媽身上，讓狀況變得更難解決。

想想用壓力鍋煮飯的時候吧。大家都知道當鍋內充滿壓力時，絕對不能打開鍋蓋，因為裡面的氣體爆發出來會有危險。同樣地，如果爸媽心理壓力不斷上升，最後直接發洩到孩子身上也是很危險的。所以，就像提前讓鍋裡的蒸氣從排氣孔排出一樣，大人內心的氣也應該先抽一點出來。

將氣排出之後，內心的壓力就會下降，這時才能與正在情緒漩渦中的孩子的心好好接觸。這種方法是一種「選擇性忽略」，意即對孩子的特定行動不做任何反應。

生氣是表達情感的強烈反應，忽略就是沒有反應，這對於孩子有傳達理性、冷靜的效果。同時，在沒有反應的時間裡，爸媽也可以緩和心中怒火，孩子的注意力也可以轉移到其他地方，這是針對孩子無理取鬧時的應對方法。

父母的過度反應會使無理取鬧的行為更加嚴重

每個孩子都想得到父母的關心和愛，順從乖巧的孩子自不必說，就算是不聽話、固執、任性的孩子，雖然表現得好像跟父母唱反調，但實際上是希望得到關注。

因此，當孩子發現自己做某件事可以得到父母明顯的回應時，就會常常做那件事。例如當他們做出某種行動，父母會給予稱讚或小點心獎勵，孩子就會一直想重複做那個行動，久了就成為習慣。

在建立人生基本框架的嬰幼兒時期，如果孩子做出值得嘉許的行為，父母持續給予回應，積極強化是非常重要的。相反地，如果父母忽略孩子的行為，沒有任何回應，那個行為就會慢慢消失——因為無法引起父母的關注，孩子本能地就不再做了。

因此，為了有效修正孩子的無理取鬧，表現冷淡、忽略，不做任何回應反而會比直接威脅、訓斥、發怒更有效。但諷刺的是，父母們卻經常用相反的方法。當孩子聽話、做出正確的行為時，父母認為理所當然，給予肯定的反應較輕微；相反地，如果搗亂或吵鬧，父母通常會反應強烈，並且為了糾正孩子會格外注意。孩子們被本能的慾望吸引，發現這樣可以引起父母關心，自然會一再重複行為，結果變成父母越來越生氣，而孩子的問題行動越來越嚴重。

這樣一來，大家還要繼續對孩子發脾氣嗎？乍看之下，疾言厲色大聲斥責似乎更能發揮父母的力量和威嚴，但不要被騙了，那樣只會助長孩子繼續問題行為。有時不做任何反應的力量更強大，爸媽們可以嘗試看看，你會發現家裡的叫罵聲和哭鬧會越來越少。

KEY POINT

- 孩子無理取鬧的行為是父母習慣性生氣的主謀。生氣頻率越高，親子之間只會越來越習慣生氣的狀態，強化負面行動。
- 當父母「選擇性忽略」時，若孩子停止做出問題行動，應該給予稱讚。在稱讚的同時，父母的心情也會轉為積極正面，孩子的行為修正效果會更明顯。

試試拉攏心靈的對話

生氣的時候，你是真的在與孩子對話嗎？

對話的定義是「面對面交談」。嚴格來說，單方面的說話不叫對話，沒有一來一往只是自言自語的獨白罷了。很多父母常常在生氣時，叨叨絮絮地唱獨角戲，孩子一句話也不說，卻誤以為這樣就是在和孩子對話。

勉強就當作是單方面的對話好了。也許是因為太生氣而失去理智，或者是因為在教養方面有很多話想一吐為快，不管原因是什麼，總之很多父母火氣一上來就會變成單方面對話。

「你說，到底為什麼？為什麼要那樣？那樣做好嗎？是對的嗎？是不是錯了？下次還敢不敢？」這樣連珠砲似的只顧著說自己想說的話，乍聽是提問，但事實上並不想聽孩子的答案。如果孩子想解釋，也只肯讓他們簡單回答，因為父母心中早已有答案，除此之外的話都不需要講，他們也聽不進去。這就是最近年輕人流行的新造詞「答定你」，也就是「答案已經定好，你只要回答就行了」。

孩子從經驗中知道，父母發火時最好不要回話。很多父母會說自己雖然生氣，但還是與孩子對話、溝通，但反問孩子，多半都說父母根本就沒有想試著對話的意思。

剛開始為了掌握狀況或許會與孩子進行對話，一旦覺得已經了解情況後，父母就開始說教了。當然不是所有的父母都如此，把單方面說話當對話的多半是無法控制怒火或不知道如何好好生氣的父母，但不幸的是，這樣的父母太多了。

聽多了負面的話，大腦也會被負面刺激

即使與我沒有利害關係，但和某些人相處起來會感覺非常疲憊。那種凡事抱持否定態度的人就是如此，他們對人生的所有一切都以消極負面的觀點看待。

如果持續暴露在負面的言語中，我們的大腦也會被負面能量刺激。所以從小就經常聽父母說負面言語的孩子，日後在面對別人時，會習慣先看到對方的缺陷，對自己遭遇到的狀況，看法也會變得消極。

有個小學三年級的男孩，因為學校人際互動的問題前來諮商，他說：「我本來就是這樣。」

我驚訝地反問：「你怎麼會有這種想法呢？」

那孩子馬上回說：「爸爸媽媽這麼說，而且老師和同學也都這麼說。」

我能理解他抑鬱的心情，於是說：「原來如此，那麼你記得爸爸媽媽是從什麼時候開始這樣說的嗎？」

「從很～久以前，說不定從我出生前就開始了。」

他誇張地拉長語調，強調「從很～久以前」，還加上「從自己出生前就開始」，用自嘲的語氣包覆受傷的心，實在很可憐，我聽了也很心疼。

父母的言語對孩子的精神世界有著決定性的影響。如果父母生氣的理由與孩子的能力或性格有關則影響更巨。無論再怎麼生氣，都要注意說出來的話。

父母為了給孩子提供更好的生活環境而努力，但好環境不能只考慮肉眼可見的東西，對孩子來說，最重要的環境是在家中由父母塑造的心理氛圍。

積極的對話方法：「五：一」的黃金比率

在孩子們看來，媽媽的怒氣就像地雷一樣，不知道埋在哪裡，但只要稍微放鬆或一不小心就可能踩到、爆炸。

那麼有沒有方法可以減少像地雷一樣爆發的怒火帶來的衝擊呢？可以試試五：一黃金比率。做法是說五次肯定的話，搭配一次否定的話，就能將否定帶來的副作用降至最低。

如果真不知道該怎麼說積極正面的話，有一個最簡單的方法，只要做好「稱讚」，就能取得很好的效果。在生活中如果發現孩子有值得稱讚的地方，就不要錯過時機，即時給予讚美。例如姊姊帶著弟弟一起玩時，可以稱讚她：「哇，如京帶著弟弟一起玩啊，姊姊果然很棒，來，和媽媽擊個掌吧！」

另外像吃飯的時候，可以說：「我們小奎自己吃飯吃得真好，媽媽也很開心喔。」孩子願意按時上床睡覺時可以說：「今天智秀真乖，時間到了就自動上床準備睡覺！睡飽明天早上起床也會很有精神喔，晚安。」

面對相同的狀況，如果爸媽說：「哎喲，你怎麼這麼早就自動睡覺啊？明天太陽要從西邊出來了。」孩子聽了會是什麼感覺？表面上聽來好像是稱讚，但可能會讓孩子覺得裡面夾雜著嘲諷。既然是稱讚，我希望是給予真誠的稱讚，讓聽的人感到開心。

如果平時透過這種方式建立積極正向的關係，那麼即使偶爾用有點不健康的方法生氣，孩子也會少些挫折感，少些害怕，少些傷害。

稱讚不是模糊籠統地說「做得好」，而是要具體，根據事實給予肯定。如果誇大其詞或以假亂真的方式過度稱讚，反而會引起反效果。請不要認為自己的孩子沒有什麼可稱讚的，那完全是錯誤的想法！現在馬上打開筆記本，記錄下孩子的優點吧，具體記錄下來，未來有機會就不要吝嗇給予讚美。

拉近孩子心靈的三階段對話法則

媽媽生氣的時候，孩子會覺得像是要把自己推開一樣，拒人於千里之外。「好好生氣」意指要用健康的方式表達憤怒。不要對害怕不安的孩子說出具攻擊性、暴力性的話，應該以真心的關懷，說出具人性的話。

看到這裡，讀者應該不會再問「我正在氣頭上，怎麼可能這麼說？」我相信大家記得前面曾多次說明的理由。

在生氣時能夠拉攏孩子心靈的對話要領分為三個階段如下：

第一階段：向孩子確認當下的狀況

不應該盲目地發火，而是應該先向孩子確認為什麼會那樣做，例如：「泰宇剛剛丟水壺，所以水都潑出來，瓶蓋也破了，是吧？」有時可能是父母誤會，用回聲法加上提問引導孩子解釋狀況，可以減輕委屈感，產生防禦自己的力量，更能夠有條理地說明，因此向孩子確認狀況這個步驟非常重要。

第二階段：從孩子的視角，只說明心情和重點內容

確認狀況之後，可以告訴孩子自己現在有點生氣，至於生氣的原因，要站在孩子的視角，進行重點說明，透過「我訊息」（I-message）傳達法，不要指責孩子，而是以傳達「我」（也就是爸媽）的心情為主。

「媽媽（我）嚇了一跳，心臟還在撲通撲通跳，而且我很生氣。不高興就丟東西是不對的，因為你可能會受傷，原本好好的水壺也破了不能用了。」

如果父母不明確告知生氣的原因，孩子往往只能根據自己的思考能力胡亂猜測，這樣就不會明白什麼行為會造成什麼問題，而重蹈覆轍。

第三階段：說明具體方案

孩子確實理解了爸媽是因為自己的行為而生氣之後，就要引導他們說出改正方法，方法越是具體，行為就越容易改變。

「我希望泰宇生氣的時候，可以明確告訴我你的想法。如果邊哭邊說，媽媽可能聽不懂，只要清楚地慢慢說，我就能很快理解並幫助你。」

最後，在孩子承認自己的錯誤後，要給予安撫，讓他們感覺被同理。在此同時，家長也會驚奇地發現自己的火氣正在消退。只要孩子感覺自己受到關懷和鼓勵，就代表大人成功地用健康的方式表達自己的怒氣。

憤怒的表現不一定非得很激烈，將怒氣融入到理性的對話中表達時，爸媽可以心平氣和，孩子也不會受到傷害。

KEY POINT

- 最簡單、有效的肯定性言語是稱讚。平時多想想孩子的優點就會成為稱讚的基礎，對親子關係絕對有幫助。
- 比起「謝謝你陪弟弟」，不如說「大寶長大了，會和弟弟一起吃餅乾，真乖」指出具體事實，可以讓孩子確切明白什麼樣的行為是受到鼓勵與肯定的，並繼續維持。

孩子的情感都允許，但在行動上設限

處理好負面情緒是幸福關係的開始

長長的寒假結束了，父母情緒輔導小組的活動也開始了。雖然是第一次見到，但大家就像老朋友一樣，一見面就分享各自忙碌、感到辛苦的事情。

二〇一九年冬天，韓國遭遇嚴重的塵霾問題，甚至流行「三寒四微」這新詞，意指一個禮拜三天受冷氣團、四天受懸浮微粒的襲擊，以此來形容韓國的冬季。比起與塵霾搏鬥，一位媽媽說：「和想出去玩的孩子對抗更累人。」大家對此深有同感。孩子們開學後稍微有了點自己的時間，但心裡又會浮現對孩子感到抱歉的想法，大家互相傾訴，可說都是同病相憐啊。

因為放假期間孩子整天在家，和媽媽相處的時間變長，嘮叨、叫罵、哭聲在家裡沒有停歇的時候。媽媽忙得只能假裝沒聽見，孩子則在家到處亂跑，不停製造問題，最終導致媽媽的煩躁和氣憤一齊爆發。孩子看到自己只是犯了小小的過失，媽媽卻發那麼大的脾氣，因此覺得委屈，產生「討厭媽媽」的想法而生氣，甚至會嚎啕大哭。

這些情況仔細看來，最終都與情緒有關，特別是負面情緒：對不聽話的孩子說「拜託你聽話好不好」時的煩躁，因煩躁而發怒；對「小不點一個居然不把媽媽放在眼裡，不聽我的話」的心情，想衝過去不管三七二十一打孩子的想法也是一樣。看著被罵而哭泣的孩子心裡後悔、抱歉，也都是情緒。

外頭天氣冷，要做的事情又多，就讓孩子們待在家裡，兄弟姊妹之間不一會兒便打打鬧鬧、搞破壞，把家裡弄得一團亂。只要他們乖乖的不吵不鬧，媽媽的一天就會輕鬆許多，但是孩子的精力沒有地方可以發洩也是問題。

不管是大人還是孩子，都一樣很難控制負面情緒的產生。孩子們鬧脾氣，媽媽會生氣；媽媽生氣，孩子們也會發脾氣，彼此都把氣出在對方身上，媽媽除了責罵孩子沒有別的辦法。

這樣的惡性循環，大人只會越來越累，要如何找出惡性循環的根源並加以解決呢？觸發怒火的部分就是根源。如果孩子們能控制住自己的煩躁情緒，那麼對大人的刺激就會減少，火氣也就不會那麼大了。

情緒沒有是非好壞的概念

要想讓孩子控制好負面情緒，父母首先要對情緒有正確的認知。大家在孩子發脾氣、煩躁或哭鬧時（也就是表達負面情緒）有什麼感覺？會不會覺得不好？怕那些情緒造成不良影響？是不是覺得生氣的影響最不好？如果真是這樣，你就要重新認識情緒。

孩子們在表達憤怒、煩躁、厭惡、悲傷等負面情緒時，很多父母會勸說或訓斥孩子，要他們盡快從負面情緒中脫離。為了不讓孩子產生負面的情緒，有的人還會事先做好應對準備，因為在他們心中存在著「負面情感就是不好」的偏見。

負面情緒也是生存的必要情感

負面情緒對我們的生活有重要的作用，不亞於正面情緒。如果有人從不生氣，那會發生什麼事？有人隨便毆打你的孩子，你卻不會感到憤怒，那會怎麼樣呢？光是想像就覺得可怕。包括憤怒在內的負面情緒，其實對我們的生存也有很重要的作用。

能感受到負面情緒本身並不是壞事，表達的方法具有破壞性或反社會性才是問題。所有的情緒都很重要，沒有絕對的好壞，是無法以價值衡量的概念。正面的情緒是好的，孩子們有的話當然很好，但也不能因為覺得負面的情緒是壞的，就要他們完全隔絕。

生氣並不是壞事，當然也是阻止不了的事。如果從小就阻止孩子產生負面情感，那麼孩子就沒有機會關注自己的感覺，也無法學習如何控制和表達。我們應該告訴孩子，生氣不是壞事，但破壞性地表達憤怒是錯誤的。引導他們以正確的方式表達自己的憤怒，是父母幫助孩子成長、擁有幸福人生最好的方法。

可以生氣，但不要打人

不論是正面還是負面的情緒，身為父母對孩子的所有情緒都會照單全收，但是因此而產生的行動就必須加以限制，情緒引發的不良行為必須糾正，並幫助孩子認識什麼是適當的行為。

也就是說，可以感受到生氣的情緒並表達出來，但是不能因為生氣就採取暴力行為或做出傷害他人的行動。我們可以告訴孩子，生氣沒有錯，但「因為生氣就亂丟東西」就是不對的，還有「發火沒關係，但是不能打人」、「發脾氣沒關係，但那樣大聲吼叫給別人造成困擾是不對的」等等。

只要父母好好引導，孩子就會學習到正確的觀念，因為在引導的過程中，孩子也能獲得接納與認同。爸媽們若想少發點脾氣，減少孩子做出會刺激情緒的行動，就要從接受孩子的所有情緒、給予同理心開始。

只要孩子能夠正確理解自己的情緒，並有自我控制的基本能力，就能避免做出不當行為。不再做出觸怒他人的行為，也不會將負面情緒傳染給他人，那麼家庭關係自然會變好，生活也會得到幸福。父母隨著情感消耗的減少，就不再那麼容易發火，可以找到心靈的餘裕。

KEY POINT

- 只有曾被接納過的人才會接納自己和他人，但如果父母只教導孩子接納和同理心，卻沒告訴孩子行為的界限，孩子將來到社會上可能會適應不良。
- 行為界限的教育是有必要的，切記不要在生氣的狀態下教育。唯有理性的人格教育，才能取得真正的效果。

”

孩子生氣的時候，立即見效的五種緊急處置方法

教我們生氣的方法吧

有的父母說，孩子動不動就發脾氣，真討厭，不知道該怎麼辦；有的父母說，孩子不生氣，只是忍著，看了心裡很難受，不知道該怎麼辦。這些都是父母們的苦惱。

三歲養成的習慣到八十歲也難改，如果從小就習慣發火或隱忍，那麼長大到老恐怕也會一直維持下去。這就是為什麼要在孩子還小的時候，教導他們如何處理好「怒氣」的重要原因。在孩子生氣的時候，父母做出智慧的反應，孩子耳濡目染地學習，是很重要的身教，也是可以讓他們幸福生活一輩子的珍貴禮物。

動不動就發脾氣的孩子

你的孩子動不動就生氣嗎？或者總是一個人憋著？容易生氣固然是問題，但老是壓抑也是大問題。

一般來說，容易生氣的孩子可以分為天生就容易動怒和受環境影響兩種類型。

因天生的脾氣而容易生氣的孩子

如果是生來脾氣暴躁的孩子，父母的認知就很重要，不可以用「哥哥都沒怎樣，為什麼你就生氣了」或「看你那麼會生氣，長大一定好不到哪裡去」來評論他，這等於是進一步強調他的弱點。

父母要先承認「我們的孩子是很容易生氣的性格」，並找出可以彌補這個弱點的適當方法，從控制脾氣的方向下手，而非一味地否定他。

因環境因素容易生氣的孩子

這種有很多情形，例如父母平時就經常發火、夫妻經常吵架的家庭，子女就會很容易生氣。另外，父母對情緒的理解和認識不足也是原因之一。

父母吝於表達情緒，孩子就會以煩躁或火爆的情緒來表現自己，因為這樣才能得到父母的回應。這種情況下，父母會覺得自己不是容易生氣的人，為什麼孩子動不動就發火，感到疑惑不解。

學習說話較遲緩的孩子也很容易生氣。因為他們想表達自己的意思，但家人或朋友聽不懂、不理解時，就會覺得很鬱悶，於是自然就動了怒氣，嚴重起來還會毆打家人或朋友、亂摔東西等。若是一直不改善，隨著長大問題會越來越嚴重，這種情況建議最好尋求找專家的協助。

孩子容易生氣，父母可不能跟著動怒，也不宜指責孩子。最好的做法是用同理心，了解他心裡的鬱悶，幫助他好好表達自己想說的話，從容地等待孩子改變才是最重要的。當然，遇到孩子使用暴力的情況還是必須特別提出來糾正。

有的父母會因為自己過去未癒合的傷口，而給子女造成傷害，不管大人表現出什麼樣子，小孩在不知不覺中都會模仿學習，等長大後自己有了家庭，又會像父母一樣把傷口傳給下一代。想要打破代代相傳的惡性循環，就要努力做到你父母沒有做到的事，讓傷害的循環止步，你和孩子才有幸福的未來。

努力忍氣吞聲的孩子

習慣忍氣吞聲或努力將情緒內化的孩子，父母要先確認是不是常在孩子面前傳達負面情緒或過分壓抑孩子的情緒，平時是不是會直接或間接灌輸「生氣是不好的，不該做的事」這樣的觀念。

個性順從、內向的孩子，會勤於接受、仿效身為權威者的父母所給的訊息。在理解能力、思考能力還不夠成熟的孩童時期，被要求必須無條件順從父母，每當這項要求與自己的需求發生衝突時，就會形成壓力累積在心底。

最危險的一點是，孩子在尚未完全理解自己的情緒之前，就先學會壓抑。人必須體驗過各種情緒和錯誤之後，才能找到自己的方式，產生對情緒的理解和解決問題的能力，成為心理健康的人，但習慣壓抑的孩子卻沒有那樣的機會。

與其為子女苦惱，父母們不如積極提供幫助，接納各種情緒變化並學習如何適當表達。不管是正面或負面的情緒都一樣，將來都可能會面對到。同時，家長也不能忘記自我審視，了解自己處理憤怒情緒的方法，因為身教對孩子影響很大，有可能會像父母一樣容易發火，也可能是因為看到父母壓抑的樣子而學會隱忍。

孩子生氣時的應對戰略

為了戒除困擾生活的惡性循環，必須學會控制自己的怒氣，同時學會如何在孩子發火時做出反應，做個善於引導的好教練。

應對一、不要害怕子女的負面情緒

家長若是迴避型、縮小型或在內心力量薄弱的情況下，會害怕子女的負面情緒。稍有不慎，孩子就會在衝突中掌握主導權，父母很容易被牽著鼻子走。你是不是明知應該對孩子說「不行」，卻常常裝作沒看到而放任不管？孩子常常生氣，你卻自己合理化「等他長大就不會這樣了」？因為拗不過固執的孩子，為了盡快結束一切所以常常先妥協？孩子生氣或不耐煩時會告訴你原因嗎？或者你是反過來，當孩子生氣時因為感到不安所以發更大的脾氣？那麼你就是連自己都沒意識到，害怕「生氣」這種情緒的父母。

對負面情緒感到畏懼的父母，會希望盡快消除孩子身上的負面情緒。不是試圖壓抑孩子的憤怒：「那個沒什麼大不了的，不值得生氣，你看哥哥也沒怎樣啊。」就是想靠物質方面的彌補轉換憤怒：「我買冰淇淋給你，不要再哭了」、「你不吵爸爸就送你自行車」。

要不然就是反過來說「如果你一直發脾氣，我就叫警察來抓你」、「你再生氣下去就打你」，這同樣也是一種壓抑的手段，用懲罰或訓斥試圖消除負面情緒。

從現在開始，請完全承認並接受孩子的情緒吧。我們有時會生氣，有時會煩躁，孩子也會。父母和孩子是各自獨立的個體，我們無法替孩子感受，所以要引導他們學會接受自己的情緒，並給他們自己解決的機會，這才是幫助孩子正確處理情緒的方法。

憤怒管理的心理訓練七

你對孩子的怒氣是怎麼反應的？請仔細記錄孩子生氣時你主要的感受和所做的行動。如果不太清楚，就問問另一半或家人吧。

應對二、不要咆哮或被動發火

在外面吃了美食後回到家裡，那種快樂滿足只是暫時的，在車上，老大因為弟弟比他先下車就生氣，一直到睡著為止都在耍脾氣。

在父母眼中，即使是孩子，因為一點小事而破壞全家人的情緒也太過分了。媽媽好不容易擺脫煮飯的工作，難得外食的好心情被打破，甚至還很生氣地說老大「可惡」，訓斥他：「弟弟比較小，先下車又怎麼樣？誰先下車很重要嗎？如果不馬上停止胡鬧，以後就再也不帶你出去吃飯了！」

另一個家庭有個正值青春期的姊姊，因為妹妹把自己心愛的髮夾拿去用而氣得暴走，甚至還引發夫妻吵架。媽媽對老大發火說：「一個髮夾有什麼重要的，還把妹妹罵哭。」爸爸反而對媽媽說：「夠了！吵死了！我都沒辦法休息。乾脆把髮夾扔掉，誰都沒有！你少講兩句，孩子等一下就沒事了，偏偏就要把事情鬧大！」

你怎麼想呢？很多父母對孩子的小彆扭、一點不耐煩其實很敏感。時間一長，原本孩子自己過一下就能冷靜的事，卻因大人介入而擴大孩子的憤怒，可說是火上加油，讓更多人的心情受到影響。

原本像風一樣吹過就雲淡風輕的事，因為父母敏感反應釀成巨大的風暴。如果不是非得介入的事，不如就放手讓他們自己面對，尊重孩子。這並非漠不關心，而是在一旁關注就好。

有時不介入也是很好的教育方式，瑣碎的小問題就放手吧。這樣，爸媽也可以減少不必要的情緒消耗，給自己留點餘裕，並且讓孩子培養自己解決問題的能力。

憤怒管理的心理訓練八

曾經為了對抗子女而發火或咆哮嗎？若有這種經驗請根據記憶寫下來，回想是否讓情況更惡化？後來平靜了嗎？如果再出現類似的情況，你會怎麼做呢？

- **面對面大發雷霆、互相咆哮的經驗**

●當類似情況再度出現時，你想怎麼做

應對三、分享自己的經驗，但不要用說教的方式嘮叨

在孩子們生氣時，大人最常犯的失誤有兩個，一是以自己過去成功克服痛苦和挫折的經驗，對孩子低抗壓性感到心寒（孩子常會有這種感覺），另一種是以說教的方式嘮叨。

身為父母的義務和責任，有狀況發生時會本能地想先對子女說教，當然出發點都是為了他們好。

「你知道那樣大吼大叫發脾氣，媽媽多難為情嗎？人家會以為你沒家教。就算很生氣，說話也要說得好聽一點，知不知道？上次不是說過了，為什麼還不改？」

但是孩子們都知道，會這樣說話的父母對情緒的處理並不成熟，也不懂如何調節情緒。而且就算他們說的話有道理，孩子正在氣頭上也聽不進去，或許心裡還會想：「上次叔叔來的時候媽媽不也是跟我一樣嗎？」或「要我好好說話，那爸爸自己為什麼大聲咆哮？」孩子只是不說，其實心裡都有數。

幾乎沒有父母在孩子發脾氣時能輕鬆地全然接受，他們的心也會感到不舒服，特別是面對青春期子女的叛逆，父母常會不知所措又委屈。因此很多時候反應會過度，表現得更加激烈。

但是，如果仗著身為父母和長輩的權威，不分青紅皂白以威壓式的教育對待孩子，很容易產生反效果。不管大人怎麼教導，如果教導的內容和自己本身經驗差太多，孩子就很難改變。但並不是只有完美的父母才能教育好孩子——不，應該說天下沒有完美的父母，只有努力的父母。從父母努力的樣子中，子女可以感受到真誠，那樣就足夠了。

不要只是說教嘮叨，請試著與孩子好好分享自己的經歷吧。因生氣而一時不知所措的孩子，聽著爸媽的經驗分享，會感受到真誠和同理心：原來爸爸媽媽也曾經犯過錯啊！孩子需要的不是完美而令人窒息的父母，而是人性化、值得信賴的父母。

越是直率地表現出真我，孩子就越能對你敞開心扉，隨著彼此和解氛圍的傳遞，親子間也會建立起更親密的新關係。

憤怒管理的心理訓練九

你有過去的經驗想和孩子一起分享嗎？試著用對話的方式寫下想和孩子分享的內容，寫完後讀一讀，如果自己感受到像說教的口氣，就再修改一下試試。

應對四、嘗試「情緒階梯」的想像遊戲

「情緒階梯」遊戲是以高樓大廈為想像基礎，用樓層比喻「怒氣」的強度，這是一種可以幫助孩子平息怒火的方法。想像在自家大樓或學校等熟悉的樓梯間上上下下，重新感受情緒並鎮定下來的遊戲。

以十層樓高的華廈為例，十樓就代表最生氣的狀態，到下一層九樓時就代表火氣稍微消退，到一樓就代表怒氣已經全消，透過這種方式，幫助孩子慢慢平息情緒。年紀小的孩子，可以想像和爸媽一起手拉手下樓梯，大人的參與也能讓孩子感受到同理心。

「熙恩現在生氣到幾樓？」

「嗯，十樓。」

「啊，你真的生氣了，那我們慢慢下樓梯消消氣，準備好就開始走吧。」

以這種方式開始帶入，因為經常看到階梯，孩子很容易進入情境中。

「現在到九樓了？好，很好。先休息一下，深呼吸，大大吸一口氣，一、二、三，吐氣，一、二、三，舒服一點了嗎？很好，現在再重新出發吧。」

通過這種方式和孩子交流，慢慢一層一層往下走，孩子會漸漸感到平靜，沒那麼激動。醫學上已經證明，深呼吸是能夠抑制身心過度興奮並帶來安定的天然鎮靜劑。在數著一層樓一層樓的過程中，搭配深呼吸，孩子與「怒氣」逐漸分離，大腦也開始啟動理性思考。

到達一樓時，孩子會像從很遠的地方旅行回來一樣，「我什麼時候生氣了？」心情變得輕鬆許多。這時爸媽可以給順利調節怒氣的孩子一點鼓勵，不需要很大或很貴，一塊孩子喜歡的餅乾或溫暖的擁抱，這樣就足夠了。

帶孩子玩過幾次階梯遊戲之後，即使沒有大人的指導，他們一個人也能玩得很好。慢慢地，不再需要想像走下樓梯的情景，只要深呼吸，就能產生控制怒火和煩躁情緒的力量。在不久的將來，孩子不用通過任何遊戲就可以調節自己的感情了。

相反地，總是被情緒牽著走、戰戰兢兢長大的孩子，在情感調節能力上必定會差很多，這就是持續的訓練效果。情緒階梯想像遊戲的效果非常大，是個性價比很高的訓練方法。

憤怒管理的心理訓練十

參考情感階梯遊戲，和孩子一起製作最適合自己孩子的遊戲吧。因為是自己製作的遊戲，所以更有參與感。蓋房子、拆房子的遊戲也不錯。最好是有漸次消除的效果，可以與怒氣連結的象徵。貼貼紙遊戲也不錯，媽媽只要起個頭，相信孩子會提出很多好創意。

應對五、由孩子自己選擇，並自己負責

育兒容易讓人感到煩躁、生氣的一個部分，就是子女之間的紛爭。儘管爸媽做了公正的仲裁，但孩子總是覺得不滿，越想越生氣。比方說弟弟跟上跟下的，姊姊叫他走開，他還是繼續黏著，終於姊姊火大動手打人，弟弟大哭，這時候你會怎麼辦？也許大部分人會替姊姊著想，甚至提出解決辦法。

很多父母因為愛護子女，常常替孩子著想並直接做決定，認為這也是為人父母的義務。「你回房間把門鎖起來不就行了嗎？」「你大喊大叫發脾氣，弟弟當然更喜歡惹你，你要好好跟他說啊。」這些都是大人的方式，雖然孩子不會說好不好，但想一想還是會照著指示去做。有時候也會說「不管啦，你幫我搞定！」把自己應該解決的事丟給爸媽。

如果這種模式固定下來，父母成為解決問題的人，孩子會失去情緒和意志方

面成長的好機會。他們應該親身體驗，在過程中思考自己的情緒是什麼、判斷自己的行為、找出解決方法、對選擇的結果負責，這樣才會成長。

父母不是問題的解決者，而是成長的幫助者，應該發揮教練的作用，引導孩子理解情緒，找出合適的對策。就像在比賽中，教練不會代替選手跑步，爸媽當然也不能代替孩子跑。

如果只是一味地生氣和指責，孩子會不知道該怎麼做，也不會去思考。因此，要先接納孩子的情緒反應，然後明確告訴他哪裡不對。「我知道因為弟弟一直鬧你才生氣，不過把氣出在媽媽身上也不好喔。不如想想有什麼辦法可以讓你不再生氣。」把球還給孩子，讓他自己決定怎麼丟。

也許孩子還沒有能力自己解決，會說：「不知道，我怎麼想得到辦法呢？」或是情緒性地回答：「讓我用力打他一下，我就不生氣了。」這時不要急著責備，因為這樣的回答也是他的選擇，但一定要讓孩子明白，必須為自己的行為負責。

孩子了解情緒化選擇帶來的責任之後，相信過不了多久就會認真思考重新選擇有效的方法。當然，這樣的引導過程中親子雙方都會很辛苦，但如果能戰勝成長的痛，你的孩子就會成為一個善於了解並調節自己情緒、謹慎行動、心理健康的人。

憤怒管理的心理訓練十一

1. 你是屬於能讓孩子自己決定和解決的類型嗎？還是會一一指示，要孩子照著做？請寫下具體的情況。

2. 如果給孩子選擇權後還是很難解決的話，可以想想原因是什麼。請寫下並提出對策。

結語／

如果好好控制怒火，像辮子一樣扭曲的親子關係就能順順地解開了

有什麼花是不會動搖而盛開的呢？
這世上無論如何美麗的花
都在動盪中綻放
（中略）
哪有不溼而開的花？
這世上任何一朵璀璨的花
都淋溼、淋溼、才盛開的

——都鍾煥，〈動盪中綻放的花〉——

不知有沒有這樣適合子女成長的句子。就像花開前必須接受動搖的試煉，沒有一個孩子是可以不受磨難長大的。

在經歷如狂風吹拂、暴雨拍打的成長痛之際，身為父母的我們，至少不要將自己的慾望強加在孩子身上，讓他們經歷更強烈的風雨。不要像隨時席捲而來的暴風那樣發怒，折斷孩子仍細弱的花莖。

也不要一一干涉孩子的生活，不要毀了自己就能綻放得很美的花。

雖然大人們說「等你長大就會知道以前有多好」，但是孩子和大人一樣，生活中也有屬於他們的艱難、失望、憤怒、羨慕、悲傷、委屈、挫折等動盪的試煉，當他們面臨被動搖的考驗和被淋溼的痛苦時，讓我們先靜靜關注吧。在風雨交加的時候，不要剝奪他們在風吹雨打中成長的機會，讓他們自己堅持下去，為了不讓他們倒下，讓我們成為最堅實的支柱吧。

不要因為自己未經歷過的生活而感到內疚，也不要自己背負沉重的擔子。把「父母」的角色也當作在磨難中盛開的花，從現在開始好好成長、好好生活吧。

歲月流逝，但絕對不會白白流失，時間將可愛的小寶貝從你們的懷中搶走，像飛箭一樣快速成長，很快地，進入青春期、然後成為大人。已經不再是緊貼媽媽、爸爸打瞌睡的孩子，懷念昔日圍繞在身邊糾纏的日子即將到來。

孩子還小時，我也曾想過他們到底什麼時候會長大，沒想到一眨眼就過了，時間快得讓我懷疑過這一切是不是夢。

趁著現在孩子還在身邊時好好待他吧。即使是在夢裡，想回到從前、思念從前的時候也快到了。

各位父母，或許你們現在還不知道自己有多幸福，將來就會明白了。根據你們現在的選擇，等十幾年過去之後，也許你會帶著幸福的微笑看著孩子；或者是後悔萬分、捶胸痛哭。

你可以選擇減少生氣的次數，即使生氣也要理性、有智慧地表達，讓父母和子女一起幸福，這是現在的你給孩子最好的禮物之一。

國家圖書館出版品預行編目 (CIP) 資料

好爸媽的高效生氣法：健康地表現怒氣，親子一起正向成長 / 張成旭著；馮燕珠譯. -- 初版. -- 臺北市：遠流出版事業股份有限公司, 2021.05
面；　公分
譯自：화 잘 내는 좋은 엄마
ISBN 978-957-32-9068-1(平裝)
1. 親職教育 2. 子女教育 3. 情緒管理
528.2　　110004838

好爸媽的高效生氣法

健康地表現怒氣，親子一起正向成長

作　　者｜張成旭
譯　　者｜馮燕珠
總 編 輯｜盧春旭
執行編輯｜黃婉華
行銷企劃｜鍾湘晴
美術設計｜王瓊瑤

發 行 人｜王榮文
出版發行｜遠流出版事業股份有限公司
地　　址｜台北市中山北路 1 段 11 號 13 樓
客服電話｜02-2571-0297
傳　　真｜02-2571-0197
郵　　撥｜0189456-1
著作權顧問｜蕭雄淋律師
ISBN｜978-957-32-9068-1

2021 年 5 月 1 日初版一刷
定　　價｜新台幣 370 元
（如有缺頁或破損，請寄回更換）

YLib 遠流博識網
http://www.ylib.com
Email: ylib@ylib.com

화 잘 내는 좋은 엄마